박병일 명장의
벤츠부터 람보르기니까지 명차가 궁금해!

◇ 당신은 언제나 옳습니다. 그대의 삶을 응원합니다. - **라의눈 출판그룹**

박병일 명장의
벤츠부터 람보르기니까지 명차가 궁금해!

초판 1쇄 | 2023년 12월 18일

지은이 | 박병일
펴낸이 | 설응도   편집주간 | 안은주
영업책임 | 민경업   디자인 | 박성진

펴낸곳 | 라의눈

출판등록 | 2014 년 1 월 13 일 (제 2019-000228 호)
주소 | 서울시 강남구 테헤란로 78 길 14-12(대치동) 동영빌딩 4층
전화 | 02-466-1283   팩스 | 02-466-1301

문의 (e-mail)
편집 | editor@eyeofra.co.kr
마케팅 | marketing@eyeofra.co.kr
경영지원 | management@eyeofra.co.kr

ISBN 979-11-92151-65-6 74500
       979-11-92151-59-5 74500(세트)

이 책의 저작권은 저자와 출판사에 있습니다.
저작권법에 따라 보호를 받는 저작물이므로 무단전재와 복제를 금합니다.
이 책 내용의 일부 또는 전부를 이용하려면
반드시 저작권자와 출판사의 서면 허락을 받아야 합니다.
잘못 만들어진 책은 구입처에서 교환해드립니다.

박병일 명장의
벤츠부터 람보르기니까지
명차가 궁금해!

박병일 지음

라의눈

머리말

자동차 이름만 들어도
가슴이 뛰는 어린이들에게

여러분 안녕하세요. 저는 대한민국 자동차 명장 박병일입니다.

자동차 명장이 무엇인지 모르는 친구들도 있을 거예요. 명장이란 각 분야에서 장인정신과 최고의 기술을 갖추고 기술 발전에 꾸준히 공헌한 사람들에게 대통령이 주는 자격증 비슷한 거랍니다. 저는 이 명장이란 칭호를 늘 자랑스럽게 여기고 있습니다.

이 책을 펼쳐 든 여러분이라면 아마도 주변에서 '자동차 박사'라는 별명으로 불릴지도 모르겠군요. 지나가는 자동차의 뒷모습만 슬쩍 보고도 자동차 이름을 알아맞히고, 새로 나온 자동차 모델을 줄줄 꿰고 있는 친구들도 많다고 들었습니다.

우리가 흔히 '명차'라고 부르는 자동차들이 있습니다. 또는 명품 자동차, '럭셔리 카'라고도 하죠. 거리를 달리면 사람들의 시선을 사로잡고, 모두가 타고 싶어 하는 자동차 말입니다. 이런 자동차들은 단순히 성능과 디자인만 좋은 것이 아닙니다. 자동차가 걸어온 길, 자동차를 처음 만든 사람의 철학과 신념이 특별했기에 명차가 될 수 있었던 거예요.

이 책엔 여러분도 잘 아는 세계의 명품 자동차들이 모두 실려 있어요. 벤츠, BMW, 아우디, 포르쉐, 롤스로이스, 벤틀리, 페라리, 람보르기니, 캐딜락…, 모두 이름만 들어도 가슴이 뛰는 명차들입니다. 이런 명차들을 나라별로 묶어서 소개함으로써, 한 나라의 특징과 발자취, 그리고 국민성이 자동차에 어떻게 녹아 들어가 있는지도 알 수 있어요.

명차 이야기는 또 하나의 역사이고 또 하나의 과학입니다. 자동차의 발전은 과학기술의 진보라는 바탕 위에서 이루어졌고, 정치와 경제 상황 또는 전쟁이라는 역사의 전환점들을 함께 통과해왔기 때문입니다.

히틀러가 포르쉐 박사를 찾아간 이유, 비틀 자동차와 우표에 얽힌 이야기, 프랑스에서 푸조가 애국심의 대명사가 된 이유, 자동차 회사들이 탱크와 전투기를 만든 사연을 알면 세계의 역사를 알게 됩니다.

롤스와 로이스의 신분을 뛰어넘은 우정, 볼보가 안전한 자동차를 만든 배경, 페라리를 이기기 위해 만들어진 람보르기니, 벤틀리 로고의 날개 좌우가 다른 이유, 한 사람의 욕심이 만들어낸 거대한 자동차 기업 등의 이야기를 알게 되면 인간과 세상에 대한 이해가 깊어집니다.

어때요? 흥미진진한 이야기를 지금 당장 읽고 싶지 않나요? 세계의 명차 이야기는 밤을 새우며 해도 끝나지 않을 것처럼 무궁무진합니다. 그중에서도 여러분들이 꼭 알았으면 하는 이야기, 가장 재미있어할 이야기만 뽑아 책으로 엮었습니다.

저는 이 책이 자동차 이야기에서 끝나지 않았으면 좋겠습니다. 자동차를 통해 여러분이 세상을 이해하고, 각자의 꿈을 더 크게 키워나가기를 바라기 때문입니다. 자동차를 세상에서 제일 좋아하는 여러분을 자동차 명장이 응원한다는 것을 잊지 마세요. 감사합니다.

대한민국 자동차 명장 박병일

차 례

머리말 ··· 4

Chapter 01
독일 편
GERMANY

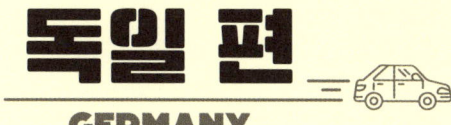

01 위대한 발명가들이 뭉쳤다! | **메르체데스-벤츠** ············· 12
02 알프스의 승리자 | **아우디** ·· 21
03 알프스의 흰 눈과 바이에른의 푸른 하늘 | **BMW** ········· 26
04 딱정벌레라는 이름의 작은 거인 | **폭스바겐 비틀** ········· 32
05 천재가 만든 꿈의 스포츠카 | **포르쉐** ···························· 40
　　알면 힘이 되는 상식 ❶ 엔진이 도대체 뭘까? ················· 45

Chapter 02
이탈리아 편
ITALY

01 레이스의 황제가 만든 차 | **페라리** ································ 48
02 황소처럼, 변신 로봇처럼 | **람보르기니** ························· 57
03 세상의 모든 탈것을 만들어요 | **피아트** ························ 64
　　알면 힘이 되는 상식 ❷ 전쟁과 자동차 ·························· 69

Chapter 03
스웨덴 편
SWEDEN

01 바이킹의 후손이 만든 강인한 차 | **볼보** ·· 72

02 노벨상의 나라에서 온 명차 | **사브** ·· 78

알면 힘이 되는 상식 ❸ 자동차 용어 사전 ·· 83

Chapter 04
영국 편
UNITED KINGDOM

01 007 영화에 나오는 그 차 | **롤스로이스** ·· 86

02 괴짜가 만든 영국 명차 | **벤틀리** ·· 95

03 정글의 맹수를 닮은 차 | **재규어** ·· 102

Chapter 05
프랑스 편
FRANCE

- *01* 세계 최초 자동차 경주의 우승자 | **푸조** ········· 110
- *02* 삼형제의 힘으로! | **르노** ········· 115
- *03* 부자들만 차를 타는 세상, 안녕! | **시트로엥** ········· 120
- *04* 자동차를 예술품으로 | **부가티** ········· 129

Chapter 06
미국 편
USA

- *01* 자동차 왕이 만든 자동차 왕국 | **포드** ········· 138
- *02* 프랑스인이 만든 가장 미국적인 차 | **쉐보레** ········· 147
- *03* 세상의 모든 자동차를 탐내다! | **GM** ········· 155
- *04* 미국 대통령의 자동차 | **캐딜락** ········· 161
- *05* 평범을 거부하는 불사조! | **크라이슬러** ········· 168
- **알면 힘이 되는 상식 ❹** 그 밖의 명차 이야기 ········· 177

이미지 저작권 ········· 178

박병일 명장의 벤츠부터 람보르기니까지 명차가 궁금해!

폭스바겐 비틀
Volkswagen Beetle

벤츠, BMW, 포르쉐…
이름만 들어도 가슴 뛰는
세계 명차의 고향,
독일로 출발!

Chapter 01

독일 편
GERMANY

01

위대한 발명가들이 뭉쳤다!

메르체데스-벤츠

창립자	칼 벤츠, 고틀리프 다임러
창립일	1925년 2월 18일
본 사	독일 슈투트가르트
자회사	메르체데스-마이바흐 등

세 사람이 동시에 발명을?

세계 최초로 증기 자동차를 만든 나라는 프랑스예요. 산업혁명이 일어난 곳은 영국이고요. 그런데 오늘날 세계 최고의 명차라고 하면 왜 모두들 독일의 자동차를 떠올릴까요? 다 이유가 있어요.

독일은 작은 지역들로 나뉘어 있다가 독일 제국으로 통일되면서, 프랑스와 영국을 따라잡기 위해 엄청난 노력을 했어요. 독일의 지도자들은 세계 최고가 되기 위해서는 증기 자동차를 넘어서는 새로운 탈것을 만들어야 한다고 생각했어요.

이런 분위기 속에서 두 명의 독일 발명가가 거의 동시에 가솔린 엔진을 개발했다고 알려져 있어요. 바로 칼 벤츠와 고틀리프 다임러예요.

그런데 이것도 정확한 사실이 아니에요. 두 사람이 아니라 세 사람이 가솔린 엔진을 발명했기 때문이에요. 세 번째 주인공은 바로 빌헬름 마이바흐입니다. 거의 비슷한 시기에 독일 안에서 세 명의 기술자가 가솔린 엔진을 만들었어요. 정말 신기한 일이에요.

벤츠와 다임러는 가까운 거리에 살았지만 서로에 대해 전혀 몰랐다고 하네요. 어떤 물건을 발명하면 발명자에게 특별한 권리를 인정해줘요. 예를 들어 전구를 만들어 팔려면, 전구를 발명한 사람에게 대가를 주어야 하는 식이에요.

만약 어떤 물건을 동시에 발명했다면 도대체 누구에게 그 권리를 주어야 할까요? 한 명에게만 주면 분명히 싸움이 날 거예요. 이런 문제 때문에 생겨난 것이 바로 '특허'란 제도입니다.

발명이나 개발을 했다면, 먼저 특허를 받아야 권리가 인정되는 거예요. 발명을 해 놓고도 특허를 신청하지 않으면 어떤 권리도 인정받지 못해요.

1월 29일은 자동차의 생일

그렇다면 3명의 발명가 중 가장 먼저 특허를 받은 사람은 누구일까요? 칼 벤츠예요. 1879년 가솔린 엔진으로 최초의 특허를 받고, 이어서 1886년 1월 29일에 가솔린 자동차로 특허를 받아요. 1월 29일을 자동차의 생일이라고 하는 이유예요. 칼 벤츠는 벤츠 자동차 회사를 세우고 자동차를 만들기 시작했어요.

칼은 어린 시절부터 훌륭한 기술자를 꿈꾸었어요. 칼의 아버지는 최고 인기 직업인 증기 기관차 운전수였어요. 아버지 덕분에 칼은 어려서부터 기계와 엔진에 관심이 많았어요. 칼스루에 공대에 입학하면서 제대로 엔진에 대해 공부할 수 있었답니다.

그렇다면 아쉽게 특허를 놓친 고틀리프 다임러 얘기를 해볼까요? 고틀리프는 칼보다 열 살이 많은데, 두 사람은 약 200킬로미터 떨어진 곳에서

칼 벤츠가 특허를 받은 수레 모양의 세 바퀴 자동차,
페이턴트 모터바겐

살았대요. 고틀리프의 아버지는 빵을 만드는 제빵사였어요.

어려서부터 기계를 좋아했던 고틀리프는 기술자가 되었어요. 그리고 내연기관의 아버지라 불리는 '아우구스트 오토'를 선생님으로 모시고, 세계 최초의 4사이클 엔진 운전에 성공해요. 이후 직접 연구소를 세우고 자동차 개발을 시작했어요.

'내연기관'이란 말이 좀 어렵죠? 쉽게 말하면, 기름을 태워서 폭발하는 힘을 이용한 장치를 말해요. 증기기관이 물을 끓일 때 나오는 증기의 힘을 이용한 것이라면, 내연기관은 기름을 태울 때 나오는 힘을 이용한 것이에요. 요즘은 내연기관 자동차와 전기차가 경쟁 상대입니다.

만약 독일이 전쟁에서 지지 않았다면

앞에서도 말했지만 내연기관을 개발한 사람은 아우구스트 오트이고, 이 내연기관을 자동차용 엔진으로 만든 사람이 벤츠와 다임러, 마이바흐인 거예요.

빌헬름 마이바흐는 고틀리프 다임러의 절친이에요. 둘은 눈빛만으로도 무슨 생각을 하는지 알 정도였어요. 고틀리프와 빌헬름은 힘을 합쳐 세계 최초의 모터사이클(오토바이)을 만들고 특허를 받았어요.

고틀리프 다임러와 빌헬름 마이바흐가 만든 회사가 바로 '다임러'예요. 다임러 회사는 1892년부터 자동차를 팔기 시작했어요. 그런데 1차 세계 대전이 일어났어요. 유럽은 전쟁의 불길에 휩싸였고, 전쟁에서 패배한 독일은 경제 상황이 아주 안 좋아졌어요. 여기저기에서 망하는 회사들이 늘어났고요.

독일에서 가장 잘나가던 두 회사, 벤츠와 다임러는 1926년 밀려 들어오는 수입차들에 맞서 회

더 알아봅시다!

★ 합병

두 개 이상의 회사를 하나의 회사로 합치는 것을 말해요. 회사의 규모가 커지면 더 좋은 물건을 더 싸게 만들 수 있고, 시장에서 다른 회사와 경쟁하기도 쉬워진답니다.

절친이었던 마이바흐(왼쪽)와 다임러(오른쪽), 모터사이클도 함께 개발했어요.

사를 합병*하기로 결정했어요. 이렇게 해서 탄생한 것이 '다임러-벤츠'입니다. 만약 독일이 전쟁에 지지 않았다면, 두 회사가 합치는 일은 없었을지도 몰라요.

회사 이름은 '다임러-벤츠'가 되었지만 자동차 상표는 '메르체데스 벤츠'로 통일하기로 했어요. 메르체데스는 여자 이름에 많이 사용되는데, 스페인어로 '신의 보살핌'이라는 뜻이래요.

빌헬름 마이바흐는 독립해서 '마이바흐'란 회사를 만들었어요. 흔히 롤스로이스, 마이바흐, 벤틀리를 3대 고급 자동차로 꼽는답니다. 마이바흐 자동차의 정식 이름은 '메르체데스-마이바흐'예요.

그리고 보면, 가솔린 엔진을 발명했던 칼 벤츠, 고틀리프 다임러, 빌헬름 마이바흐의 이름은 지금도 자동차 이름으로 널리 불리고 있네요.

벤츠의 불타는 지옥 시험

메르체데스-벤츠는 명차 중의 명차이면서 안전한 것으로 유명해요. 벤츠가 이렇게 안전한 차의 대명사가 될 수 있었던 것은 상상을 뛰어넘는 안전 시험 때문이에요.

미국 캘리포니아와 네바다주 사이에 '데스 밸리(죽음의 계곡이란 뜻)'라는 곳이 있어요. 여름엔 기온이 50도가 넘고, 1년에 비가 한 방울도 오지 않는 때도 있대요. 게다가 급하게 경사진 언덕길은 자갈투성이라서 성능 검사를 하기에 이보다 좋은 장소는 없다는 거예요.

벤츠는 새로운 모델이 나올 때마다 데스 밸리에서 시험을 해요. 이 시험을 통과하지 못한 벤츠는 세상에 나올 수가 없어요. 벤츠 회사 사람들은 이 과정을 '불타는 지옥 시험'이라고 불러요.

벤츠는 안전하고 믿을 수 있는 차로 통해요. 전 세계 대통령과 왕들이 벤츠를 좋아하는 것만 봐도 알 수 있어요. 자동차의 문이 6개인 '벤츠

벤츠의 불타는 지옥 시험이 펼쳐지는 데스 밸리 풍경

'600'은 1963년부터 1981년까지 2,500대 정도가 만들어졌는데, 여러 나라의 대통령, 수상, 왕들이 가장 좋아하는 차였다고 해요.

유명한 벤츠 자동차로는 '770 그로서'도 있어요. 독일어로 '위대한 770'이란 뜻이에요. 1930년부터 1944년까지 14년간 생산된 770은 초대형 리무진*인데, 독일의 독재자 히틀러가 탔던 것으로

더 알아봅시다!

★ 리무진
자동차 몸체의 중간 부분이 긴 고급 자동차를 말해요. 차 안에 편리한 시설이 갖춰져 있고, 운전석과 뒷좌석 사이에 벽이 있어요. 결혼식, 장례식 등 특별한 날에 이용합니다.

유명해요.

전쟁의 와중에서 자신이 언제 암살당할지 모른다고 늘 불안해하던 히틀러는 세상에서 제일 안전한 차인 벤츠를 선택했어요. 히틀러뿐 아니라 일본의 히로히토 천황, 교황 비오 11세, 중동의 왕과 대부호들도 벤츠 770을 즐겨 탔다고 해요.

벤츠는 백년이 넘는 시간 동안, 수많은 '세계 최초' 기록을 만들었어요. 세계 최초의 가솔린 자동차, 세계 최초의 트럭, 세계 최초의 택시, 세계 최초의 디젤 자동차 등이에요. 벤츠가 앞으로 어떤 세계 최초를 만들지 궁금하지 않나요?

02
알프스의 승리자

아우디

창립자	아우구스트 호르히
창립일	1909년 7월 16일
본 사	독일 잉골슈타트
모회사	폭스바겐 그룹

'호르히'가 아니라 '아우디'가 된 사연

자동차 회사 이름은 대부분 그 회사를 세운 사람들의 이름을 따서 지어요. 그러면 아우디는 아우디란 사람이 만들었을까요? 그렇지는 않아요.

자동차 역사에는 유명한 두 명의 박사가 있어요. 바로 포르쉐 박사와 호르히 박사예요. 아우디는 바로 호르히 박사가 만든 자동차예요.

아우구스트 호르히 박사는 원래 벤츠에서 일했어요. 그는 차를 많이 팔기 위해서는 자동차 경주에 참가해 우승해야 한다고 생각했어요. 어디서 자동차 경주를 한다는 소식만 들리면 가장 먼저 달려갔어요.

그러다 보니 호르히 박사는 벤츠 회사와 사이가 좋지 않았어요. 벤츠 회사는 벤츠 자동차가 경주와는 어울리지 않는다고 생각했기 때문이에요. 호르히 박사는 벤츠를 떠나 자신의 회사를 만들기로 해요. 바로 호르히 자동차 회사예요.

그런데 훌륭한 기술자라고 해서 회사를 경영하는 데도 뛰어난 것은 아니었어요. 역시나 회사 사람들은 오직 자동차 경주에만 정신이 팔린 호르히 박사를 못마땅하게 여겼어요. 호르히 박사는 자신이 만들고, 자신의 이름을 붙인 회사를 떠나야 했어요.

호르히 박사는 실망하지 않고 또 다른 회사를 차렸어요. 문제는 자신의 이름을 이미 써버렸다는 거예요. 호르히 박사는 자신의 이름과 발음이 비슷

아우디를 탄생시킨 호르히 박사

1908년 자신이 만든 차를 운전하는 호르히 박사

한 '회렌'을 회사 이름으로 쓰기로 해요.

회렌은 '듣는다'라는 뜻을 가진 독일어예요. 이를 라틴어로 바꾸었더니 '아우디'가 된 거예요. '오디오'란 영어도 라틴어 '아우디'에서 나왔다고 해요.

1910년 최초의 아우디 자동차인 B형이 탄생했어요. 이 자동차는 오스트리아의 유명한 자동차 경주인 '알펜 트라이얼'에 출전해 우승했어요. 다음 해에 나온 C형도 알펜 트라이얼에서 우승했어요. 그때부터 아우디에게는 '알펜 지거(알프스의 승리자)'라는 별명이 붙었어요.

알펜 트라이얼 경주에서 우승한 아우디 C형

왜 동그라미 4개일까?

하지만 아우디에게 힘든 시간이 찾아와요. 여러 회사들과 합쳐지기도 하고 주인이 여러 번 바뀌기도 해요. 특히 1930년대부터 경제 상황이 나빠지자 독일의 자동차 회사들은 모두 어려워졌어요. 게다가 미국 자동차들이 독일로 몰려오기 시작했어요.

아우디는 살길을 찾아야 했어요. 그래서 3개의 다른 회사들과 합치기로 결정했어요. 바로 반더러, 호르히, 데카베 회사예요. 아무래도 회사가 커지면 어려운 시기를 버텨나가는 데 도움이 되기 때문이에요.

네 개의 동그라미가 사슬처럼 연결된 아우디의 엠블럼은 이때 합쳐진 네 개의 회사를 뜻하는 거예요. 호르히 박사의 이름을 딴 호르히 자동차가 다시 아우디에 합쳐졌다는 사실이 참 재미있네요.

아우디는 새로운 자동차 기술을 개발하는 데도 1등이었어요. 1931년에는 세계 최초로 앞바퀴 굴림 차를 만들었고, 1954년에는 세계 최초로 네 바퀴가 모두 굴러가는 자동차 '뭉가'를 만들었어요.

1980년에는 '뭉가'를 더욱 발전시킨 네 바퀴 굴림 차 '아우디 콰트로(라틴어로 4란 뜻)'를 만들었대요. 눈길과 빗길에도 끄떡없고, 빠르게 달리다가 급하게 회전해도 미끄러지지 않았어요. 1980년 제네바 모터쇼에 아우디 콰트로가 모습을 드러내자 모두가 새로운 영웅이 나타났다며 박수를 쳤답니다.

아우디는 지금도 오랜 역사와 명성에 어울리는 멋진 자동차들을 만들고 있어요.

1980년 제네바 모터쇼에 등장한 아우디 콰트로

03

알프스의 흰 눈과
바이에른의 푸른 하늘

창립자	카를 랩, 카밀로 카스티글리오니 등
창립일	1916년 3월 7일
본 사	독일 바이에른주 뮌헨
자회사	BMW 미니, 롤스로이스

BMW 빌딩은 4기통

　자동차 왕국이라 불리는 독일에는 세계적으로 유명한 차들이 많지만, 독일을 대표하는 자동차라면 많은 사람들이 벤츠와 BMW를 떠올려요. BMW는 벤츠나 아우디에 비해 조금 늦게 시작했지만, 짧은 시간 안에 벤츠의 강력한 경쟁 상대가 되었답니다.

　BMW는 '바이에른 모터 제작회사'의 머리글자를 딴 이름이에요. 영어로는 '비엠더블유'이지만, 독일어로는 '베엠베'라고 읽어요. 눈 덮인 알프스와 푸른 하늘이 아름답기로 유명한 바이에른 지방이 탄생시킨 명물이 바로 BMW입니다.

4기통 엔진을 닮은 BMW 빌딩

BMW 빌딩은 바이에른 뮌헨의 올림픽 경기장 근처에 있는데, 그 모습이 참 특이해요. 네 개의 긴 원통을 세워서 묶어 놓은 모습이거든요. 자동차의 4기통 엔진을 닮았다고 해서 BMW 공장은 '4기통'이란 별명으로 불려요. 건물이 중앙 지지탑에 매달려 땅 위에서 떠 있는 특이한 건물이에요.

　BMW가 '바이에른 모터 제작회사'를 줄인 말이라고 했죠? 그러니까 처음부터 자동차를 만드는 회사가 아니었단 얘기예요. BMW는 1차 세계 대전이 한창이던 1916년, 항공기 엔진과 모터사이클을 만드는 회사로 시작했어요.

비행기에서 자동차로!

　BMW 엠블럼은 큰 동그라미 안에 작은 동그라미가 있는 모습이에요. 작은 동그라미는 십자 모양으로 나뉘지고, 흰색과 파란색으로 색칠되어 있어요. 여기서 십자 모양은 프로펠러를, 흰색은 알프스의 눈을, 푸른색은 바이에른의 푸른 하늘을 뜻하는 거래요.

　비행기 엔진에서 시작해 모터사이클 엔진으로, 그리고 자동차 엔진을 만들어온 BMW의 역사를 한눈에 보여주는 엠블럼이라 할 수 있어요.

　1927년 BMW가 처음 만든 자동차는 작고 귀여운 '딕시'였어요. 하지만 속도가 느려서 크게 인기는 없었어요. BMW가 유명해진 것은 1933년에 나온 315 모델 덕분이에요.

BMW 엠블럼과 라디에이터 그릴 디자인

315 모델은 시속 100킬로미터, 연이어 나온 319 모델은 시속 115킬로미터로 달릴 수 있었어요. 이들을 앞의 번호에 맞춰 3시리즈라고 불러요.

BMW 3시리즈 중에서도 가장 유명한 것이 303이에요. 최초의 직렬 6기통 차였기 때문이죠. 303에 이어 309 시리즈도 나왔어요. 303과 309 시리즈에서 눈에 띄는 부분이 있었어요. 바로 차 앞의 '라디에이터 그릴'이에요.

라디에이터 그릴이란 엔진의 열을 식히기 위해 바깥의 공기를 빨아들이는 구멍이라고 생각하면 쉬워요. BMW 라디에이터 그릴은 키드니 그릴*이

 더 알아봅시다!

★ 키드니 그릴
'키드니'란 우리 몸안에 있는 콩팥(신장)을 말해요. 콩 두 쪽을 붙여놓은 것 같다고 해서 붙여진 별명이에요. 처음엔 세로로 긴 모양이었는데 이후 가로로 긴 모양으로 바뀌었어요.

라는 애칭으로 불리는데 BMW를 BMW답게 하는 표시로 여겨져요. 라디에이터 그릴을 자동차의 얼굴이라 하는 이유는 자동차의 첫인상을 결정해주기 때문이에요. 그래서 자동차 회사들은 새로운 그릴 디자인 개발에 열을 올린답니다.

BMW의 변신, 작아도 강해요!

1930년대 이후에 BMW는 크고 고급스러운 자동차를 만들기로 결정했어요. 1936년에 나온 326은 BMW 최초의 대형 승용차예요. 그런데 독일이 전

6년 동안 18만 대가 팔린 BMW 700

쟁에서 지고 동독과 서독으로 나뉘지면서 BMW도 어려운 상황을 겪어야 했어요.

전쟁으로 망해가던 BMW를 살려낸 것은 1955년에 나온 501 시리즈로 최고 속도는 시속 135킬로미터였다고 해요. 전쟁에서 패배해 실망한 독일 국민들은 자동차 왕국이 다시 돌아왔다고 기뻐했어요.

하지만 독일 사람들은 고급 자동차를 살 형편이 되지 못했어요. 그래서 BMW는 300, 600, 700 같은 작은 차를 만들었어요. 특히 700은 6년 동안 18만 대가 팔릴 정도로 인기가 좋았다고 해요.

전쟁 후에 어려웠던 BMW가 오늘날 최고의 자동차 회사가 될 수 있었던 것은 700 시리즈 덕분이라고 합니다.

딱정벌레라는 이름의 작은 거인

폭스바겐 비틀

창립자	아돌프 히틀러, 페르디난트 포르쉐
창립일	1937년 5월 28일
본 사	독일 볼프스부르크
계열회사	아우디, 람보르기니, 벤틀리, 포르쉐

히틀러가 포르쉐 박사를 찾아간 이유

폭스바겐 하면 대부분의 사람들은 딱정벌레 차로 유명한 비틀을 떠올릴 거예요. 비틀을 설계한 사람은 자동차 설계의 천재라 불리던 페르디난트 포르쉐 박사예요.

1930년대 독일은 아돌프 히틀러가 지배하고 있었어요. 이 공포의 독재자는 독일이 발전하기 위해서는 반드시 '자동차 전용도로(아우토반)'가 필요하다고 생각했어요. 히틀러는 자신이 갖고 있는 강력한 권력으로 이 사업을 밀어붙였어요. 독일 최초의 '아우토반'은 이렇게 만들어졌답니다.

아우토반이 만들어질 동안, 히틀러는 그 길 위를 달릴 국민차가 있어야 한다고 생각했어요. 그래야 독일 국민들에게 인기도 얻고 자신의 권력도 더 강해질 것이라 믿은 거예요.

1933년 8월 히틀러는 최고의 자동차 설계자인 포르쉐 박사를 찾아갔어요. 그리고 이렇게 말했어요.

"포르쉐 박사, 우리 독일을 위해 소형차를 만들어 주시오. 그런데 조건이 있소. 첫째, 실내가 좁으면 안 되오. 둘째, 추운 겨울에도 엔진이 얼지 않아야 하오. 셋째, 기름 1리터로 12킬로미터를 달릴 수 있어야 하오. 그리고 가장 중요한 것! 가격은 1,000마르크를 넘어서는 안 된다오."

포르쉐 박사는 귀를 의심했어요. 1,000마르크짜리 자동차를 만들 순 없

히틀러에게 비틀 모형을 보여주는 포르쉐 박사(맨 왼쪽)

었기 때문이에요. 그는 히틀러에게 "아무리 적어도 1,500마르크는 되어야 만들 수 있습니다"라고 말했어요. 하지만 히틀러는 "박사는 고민하지 말고 차를 만드시오. 차 가격은 내가 정합니다!"라고 했어요.

이 말을 들은 포르쉐 박사는 가슴이 뛰었어요. 보통 사람들도 탈 수 있는 값싼 소형차를 만드는 것이 자신의 오랜 꿈이었기 때문이에요.

이렇게 괴상한 차는 처음이야!

그로부터 3년 후인 1936년 베를린 올림픽이 열리던 해에 포르쉐 박사가

만든 소형차 3대가 세상에 나왔어요. 그런데 이 차를 본 히틀러는 고개를 갸우뚱했어요.

여태껏 한 번도 보지 못한 괴상한 모양이었기 때문이에요. 바로 딱정벌레 모양의 차였어요. 하지만 70일에 걸친 성능 시험과 주행 시험에서 좋은 성적이 나오자 히틀러는 매우 기뻐했다고 해요.

드디어 자동차 회사가 만들어지고 공장도 세워졌어요. 폭스바겐이란 회사 이름은 '국민의 차'란 뜻이에요.

히틀러는 포르쉐 박사가 만든 차에 '카데프 바겐(KdF-Wagen)'이라는 이름을 붙였어요. 카데프란 '즐거움을 통한 힘'이라는 나치당의 구호였어요.

영어로는 '비틀', 독일어로는 '케퍼'라는 이름으로 불려요.

하지만 사람들은 이 차를 '비틀'이라고 불렀어요. 미국의 한 기자가 '딱정벌레 닮았다'라고 한 말에서 아이디어를 얻어서, 미국에 수출할 때 '비틀'이라는 이름을 붙인 거예요. 독일에서는 딱정벌레를 일컫는 독일어 '케퍼'라고도 불린대요.

폭스바겐 비틀은 기적의 자동차였어요. 가격은 히틀러가 말한 1,000마르크보다 싼 990마르크였어요. 100킬로미터를 달리는 데 기름은 겨우 7리터밖에 들지 않았고, 다섯 사람이 탈 수 있었어요.

비틀을 원하면 우표를 모으세요!

히틀러는 이 신통방통한 차를 그냥 사는 것이 아니라 마치 저축을 하듯이 우표*를 모으면 살 수 있다고 발표했어요. 가난한 노동자들도 우표를 990마르크어치 모으면 비틀을 한 대 받을 수 있다는 얘기였어요.

독일 국민들은 오토바이 가격에 자동차를 가질 수 있다는 소식에 너도나도 우표를 사 모았어요. 하지만 1939년 히틀러는 또다시 전쟁을 일으켰어요. 2차 세계 대전이에요. 그때까지 우표를 모아 비틀을 받은 사람은 200명이 조금 넘었다고 해요.

국민들에게 우표를 팔아서 모은 돈은 몽땅 전쟁

더 알아봅시다!

*** 우표**
당시 우표 1장은 5마르크였어요. 990마르크짜리 비틀을 사려면 1주일에 1장씩, 4년 동안 우표를 사 모으면 됐어요. 여기에 총 33만 명의 독일 국민이 참여했대요.

'속도 무제한 도로'라는 아우토반의 아이디어를 처음 낸 사람은 칼 벤츠였다고 해요.

준비에 들어갔어요. 비틀 공장은 전쟁 무기를 만드는 공장으로 바뀌었어요.

1945년 전쟁이 끝났어요. 독일은 패배했고 프랑스는 승리했어요. 전쟁에서 이긴 프랑스는 히틀러 편에 섰던 포르쉐 박사를 감옥에 가두어버렸어요.

폭스바겐 비틀은 태어나자마자 벌어진 전쟁으로 빛을 보지 못하고 사라질 위기를 맞았어요. 하지만 독일 국민들은 생각했죠. 비틀만은 꼭 살려야 한다고요. 비틀을 살리는 것이 전쟁으로 잿더미가 된 나라를 살리는 길이라는 생각으로 비틀을 포기하지 않았어요.

1955년이 되자 유럽에서 비틀의 인기가 올라가고 주문이 밀려들었어요. 비틀은 이제 없어서 못 팔 정도가 되었어요. 히틀러는 전쟁을 일으켜 독일을 고통에 빠뜨렸지만, 히틀러가 만든 폭스바겐 비틀 덕분에 독일은 전쟁에서 벗어날 수 있었어요. 병도 주고 약도 준 셈이에요.

또 히틀러가 만든 아우토반 덕분에 독일의 자동차 회사들은 자동차가 얼마나 튼튼한지, 또 얼마나 빨리 달릴 수 있는지 시험할 수 있었어요. 이것이 독일의 자동차 발전에 큰 도움이 되었어요.

폭스바겐이 만든 자동차로는 비틀 외에도 골프, 페이톤, 티구안 등이 있답니다.

05
천재가 만든 꿈의 스포츠카

포르쉐

창립자	페르디난트 포르쉐
창립일	1931년 4월 25일
본 사	독일 슈투트가르트
모회사	폭스바겐 그룹

박사가 아닌 박사, 포르쉐

포르쉐 박사를 20세기 최고의 천재 자동차 설계자라고 부르는 데 반대하는 사람은 없어요. 꿈의 스포츠카로 불리는 포르쉐 역시 페르디난트 포르쉐 박사의 이름에서 따온 거예요.

포르쉐는 칼 벤츠보다 30년 늦은 1875년 오스트리아에서 태어났어요. 젊은 시절, 전기 자동차*를 개발하던 로너라는 회사에 들어가면서 자동차와 인연을 맺게 되었어요. 1900년에는 전기 자동차 '로너 포르쉐'를 개발해 파리 세계박람회에 선보이기도 했죠.

 더 알아봅시다!

★ 전기 자동차
칼 벤츠가 내연기관 자동차를 발명하기 30년 전에 전기 자동차가 먼저 발명되었어요. 1834년 발명가인 로버트 앤더슨이 만든 전기 마차가 전기차의 시조입니다.

그 후 포르쉐는 다임러 회사로 옮겨서 자동차 엔진과 항공기 엔진을 개발했어요. 당시 다임러 회사의 항공기 엔진은 세계적인 명성을 얻고 있었어요.

포르쉐 박사를 왜 박사라고 부르는지 궁금하지 않나요? 사실 포르쉐는 대학 근처에도 가보지 못

페르디난트 포르쉐 박사

전기차 '로너 포르쉐'의 무게는 1,000킬로그램이었는데, 그중 배터리가 410킬로그램이었어요.

했어요. 현장 기술자 출신이지만, 포르쉐 박사의 능력을 인정한 오스트리아 빈 공과대학에서 명예박사 학위를 주었어요. 포르쉐를 박사라고 부르는 것은 이 학위 때문이기도 하고 그에 대한 깊은 존경심 때문이기도 해요.

1926년에 다임러와 벤츠가 합쳐져 다임러-벤츠가 된 후, 포르쉐 박사는 경주용 자동차나 성능이 뛰어난 자동차 개발에 힘썼어요. 그중에서도 스포츠 모델인 S 시리즈는 큰 성공을 거두어요.

포르쉐는 박물관으로 간다!

 꿈이 컸던 포르쉐 박사는 다임러-벤츠에서 나와 자신의 회사를 차렸어요. 전 세계의 자동차 회사들이 포르쉐 박사에게 자동차를 설계해 달라고 부탁했어요. 포르쉐 자동차뿐만 아니라 다른 회사의 자동차 중에도 포르쉐 박사가 디자인한 것들이 많아요.

 포르쉐는 스포츠카를 대표하는 이름이에요. '시간이 흐르면 보통 차들은 폐차장으로 가지만, 포르쉐는 박물관으로 간다'라는 말이 있을 정도였으니까요. 또 스포츠카이지만 매일 탈 수 있을 정도로 승차감이 좋다는 것도 포르쉐만의 장점이에요.

개구리라는 별명을 갖고 있는 포르쉐 911 모델

포르쉐는 자동차 경주에서도 최고의 성능을 보여줍니다. 특히 자동차를 타고 도로의 모퉁이를 돌 때(코너링을 할 때)의 성능은 포르쉐를 따라올 자동차가 없다고 해요. 자동차의 성능은 직선 도로보다 굽은 도로를 달릴 때 잘 알 수 있어요. 가능한 한 속도가 줄어들지 않고 부드럽게 돌아 나가는 것이 최고예요.

포르쉐의 현재 디자인은 911 모델을 기본으로 해요. 그런데 911 모델은 자동차의 앞부분이 개구리를 닮았다고 해서 '개구리'라는 별명으로 불려요. 여러분도 정말 개구리처럼 보이나요?

알면 힘이 되는 상식 ❶

엔진이 도대체 뭘까?

엔진(동력기관)은 힘을 만드는 장치예요. 산업혁명 전에는 말이 수레를 끌고, 바람이나 물의 힘으로 곡식을 찧었어요. 자연이 엔진이었던 거죠. 그러다 산업혁명이 일어나서 증기 엔진이 개발되고 그 후 가솔린 엔진, 제트 엔진, 로켓 엔진 등이 개발되었어요.

★ 증기 엔진 ★

좀 어려운 얘기지만 '내연기관'의 반대는 '외연기관'이에요. '내연'은 엔진 안에서 연소된다는 뜻이고, '외연'은 엔진 밖에서 연소된다는 뜻이에요. 증기의 압력으로 실린더 안의 피스톤을 움직이게 하는 증기 엔진이 대표적인 외연기관입니다.

★ 가솔린 엔진, 디젤 엔진 ★

내연기관의 대표는 가솔린 엔진이에요. 실린더 안에서 연료와 공기를 혼합해 폭발하는 힘을 이용하는 것이죠. 휘발유를 연료로 하면 가솔린 엔진, 디젤유를 연료로 쓰면 디젤 엔진이에요.

★ 제트 엔진, 로켓 엔진 ★

연료와 공기를 섞어 연소시키면 가스가 발생해요. 이 가스를 고속으로 분출할 때 생기는 엄청난 추진력으로 움직이는 것이 제트 엔진이에요. 비행기를 생각하면 돼요.
로켓 엔진은 엔진 안에 연소될 공기(산소)까지 저장하고 있어요. 공기가 없는 곳에서도 움직일 수 있다는 얘기예요. 우주를 나는 로켓에겐 로켓 엔진이 필수예요.

박병일 명장의 벤츠부터 람보르기니까지 명차가 궁금해!

Chapter
02

이탈리아 편
ITALY

01

레이스의 황제가 만든 차

페라리

창립자	엔초 페라리
창립일	1947년
본 사	이탈리아 모데나
모회사	엑소르

소년의 인생을 바꾼 자동차 경주

페라리 자동차 회사를 만든 엔초 페라리는 자동차 경주를 하는 레이서였어요. 엔초는 1898년 이탈리아 북쪽의 작은 도시, 모데나에서 태어났어요. 엔초의 아버지는 기차나 철로에 필요한 부품을 만드는 공장을 운영했대요.

열 살 무렵 엔초는 아버지를 따라 자동차 경주 구경을 갔어요. 이것이 소년의 인생을 바꿔놓았답니다. 당시 유럽 최고의 레이서였던 '펠리체 나자로'가 피아트 자동차를 몰고 1등으로 골인하는 모습을 본 순간, 엔초는 레이서가 되기로 결심했어요.

고향 모데나에서 가장 먼저 자동차를 샀던 사람은 엔초의 아버지였어요. 페라리는 열세 살의 나이에 운전을 배울 수 있었어요. 마침 아버지가 자동차 수리점까지 내어서 자동차와 늘 가까이할 수 있었던 거예요.

젊은 시절의 엔초 페라리

엔초는 어릴 때부터 스포츠에 재능이 많았어요. 이탈리아 사람답게 축구를 좋아했어요. 열여섯 살에 이미 스포츠 신문에 축구 기사를 쓸 정도로 전문적인 지식도 뛰어났어요.

그러던 어느 날, 엔초는 스포츠 신문에서 가슴 뛰는 뉴스를 보았어요. 이탈리아 선수 '랄프 디 파르마'가 미국의 최대 자동차 경주인 '인디애나폴리스 500'에서 우승했다는 소식이었어요. 엔초는 레이서가 되고 싶다는 마음으로 불타올랐어요.

전쟁 중에도 꿈은 계속된다

그러던 중 1차 세계 대전이 시작되었어요. 전쟁 중에 아버지는 병으로 세상을 떠나고 형은 전쟁터에서 목숨을 잃었어요. 나중엔 스무 살도 되지 않은 엔초도 전쟁에 나가야 했어요.

엔초는 군대에서 무서운 독감에 걸려서 가슴 수술을 두 번 받고, 죽을 고비를 여러 번 넘겼어요. 스무 살이 되어 군대에서 나왔지만, 엔초는 이때 얻은 병으로 평생 고생했다고 해요.

건강을 어느 정도 회복한 엔초는 레이서가 되기 위해 자동차 회사에 취직하려고 했어요. 그러나 아무도 엔초를 환영하지 않았어요. 겨우 찾은 일자리가 트럭 운전수였어요. 엔초는 묵묵히 일을 해나갔어요.

그러던 어느 날, 엔초는 레이서들이 모이는 클럽에서 자신의 영웅인 피아트 팀의 레이서 '펠리체 나자로'를 만나게 돼요. 그는 꿈을 꾸는 것 같았어요. 게다가 펠리체 나자로는 엔초가 스포츠카 회사인 CMN으로 직장을

옮길 수 있도록 도와주었어요.

드디어 꿈꾸던 레이서로서의 생활이 시작된 거예요. 하지만 엔초는 여러 경주에 나갔지만, 썩 좋은 성적을 내지 못했어요. 그러다 CMN 회사가 문을 닫게 되자 알파로메오 자동차 회사로 다시 옮기게 되었어요.

하늘의 영웅이 허락한 엠블럼

이때부터 레이서로서 엔초 페라리란 이름이 세상에 알려지게 됩니다. 1923년에 열린 타르가 폴로리오* 경기에서는 너무나 용맹스럽게 달리는 엔초의 모습에 많은 사람들이 감동을 받았어요.

이 경주를 지켜본 사람 중에는 이탈리아 하늘의 영웅이라 불린 '프란체스코 바라카'의 부모님들도 있었어요. 프란체스코 바라카는 1차 세계 대전에 전투기 조종사로 참가해 적의 전투기를 35대 격추했고 자신도 하늘에서 죽음을 맞이한 영웅이에요.

프란체스코 바라카는 전투기에 말을 그려서 수호신으로 삼았다고 해요. 프란체스코 바라카의 부모님은 엔초의 모습이 꼭 아들 같다고 여겼어요. 그래서 아들이 생전에 아끼던 말의 그림을 엔초가 사용할 수 있도록 허락해주었어요.

더 알아봅시다!

★ **타르가 폴로리오**
1909년 시작된 자동차 경주로 시칠리아섬을 가로질러 446킬로미터를 달렸어요. 험한 산과 시시때때로 변하는 날씨로 악명이 높았고, 결국 안전 문제로 1977년 막을 내렸어요.

엔초가 만든 스쿠데리아 페라리 레이싱 팀

　노란색 방패 모양 속에 뛰어오르는 말의 모습이 그려진 페라리 엠블럼은 이렇게 시작된 거예요.

　이때까지만 해도 이탈리아 경주 대회는 피아트가 지배하고 있었어요. 엔초는 피아트 팀을 꼭 이기고 싶었어요. 그래서 자신의 이름을 딴 레이싱 팀을 만들어요. 바로 '스쿠데리아 페라리'예요.

　엔초는 알파로메오 회사가 만든 기본 뼈대에 자신이 설계한 몸체를 얹어 스포츠카도 만들기 시작했어요. 명품 스포츠카 페라리의 시대가 막을 올린 거예요. 하지만 갈 길은 멀었어요.

엔초는 훌륭한 스포츠카를 만들기 위해서는 충분한 돈이 있어야 한다고 생각했어요. 그래서 항공기 엔진 부품과 공구를 만들며 자신의 꿈을 차근차근 키워나가요.

행복하지 못했던 황제의 인생

2차 세계 대전이 끝난 1947년, 엔초는 자신의 고향인 모데나에 페라리 스포츠카 공장을 세워요. 경주용 자동차뿐 아니라 스포츠카를 만드는 일에 뛰어든 거예요. 첫 작품이 바로 페라리 166이에요.

이때부터 페라리 자동차는 세계 곳곳의 이름난 자동차 경주를 휩쓸었고

1947년 엔진을 개발하고 있는 엔초 페라리

엔초 페라리가 만든 첫 번째 스포츠카, 페라리 166

세계적인 레이서들을 탄생시켰어요.

레이스의 황제, 스포츠카의 영웅이란 칭찬과 달리 엔초의 인생은 그렇게 행복하지 않았어요. 하나뿐인 아들은 일찍 세상을 떠났고 아내와의 사이도 좋지 않았어요. 게다가 같이 일하는 사람들과도 끊임없이 다툼이 있었어요. 주변 사람들은 페라리의 불같은 성격과 고집불통을 견디지 못하고 하나둘 떠나갔어요.

1987년 10월, 페라리 회사가 만들어진 지 40년을 기념하는 행사가 열렸어요. 40년 동안 엔초가 만든 수많은 페라리 자동차들이 페라리의 고향인 모데나로 모여들었어요. 페라리가 탄생시킨 레이스 영웅들도 모두 달려왔

엔초의 마지막 걸작, 페라리 F40

죠. 이 자리에서 엔초의 마지막 걸작, 페라리 F40이 공개되었어요.

이후 엔초는 건강이 매우 나빠졌어요. 그는 영국에서 비밀리에 만들고 있던 최신형 경주용 자동차를 기다리고 또 기다렸어요. 하지만 1988년, 결국 그 차를 보지 못하고 레이스의 황제 페라리는 90세의 나이로 세상을 떠났어요.

02

황소처럼, 변신 로봇처럼

람보르기니

창립자	|	페루치오 람보르기니
창립일	|	1963년 5월
본 사	|	이탈리아 볼로냐
모회사	|	폭스바겐 그룹

페라리를 이기고야 말겠다!

자동차 역사에는, 다른 자동차를 이기기 위해 자동차 회사를 세운 사람도 있었어요. 바로 페루치오 람보르기니 이야기랍니다.

페루치오는 1916년 이탈리아의 공업도시인 모데나에서 태어났어요. 페루치오의 별자리가 황소자리라는 것도 알아두면 좋아요. 뭐 그런 것까지 알아야 되나 싶지만, 람보르기니 자동차의 엠블럼이 황소가 된 이유가 여기에 있기 때문이에요.

페루치오는 어려서부터 똑똑했어요. 명문 대학인 볼로냐 공대를 졸업하고, 2차 세계 대전이 일어나자 공군으로 전쟁에 참가했어요. 전쟁이 끝나고 고향으로 돌아온 페루치오의 눈에 띈 게 있었어요. 바로 영국군이 두고 간 트럭이었어요.

페루치오 람보르기니

페루치오는 이 트럭을 개조해 '트랙터'를 만들었어요. 트랙터란 농사를 짓거나 가축을 키우는 데 사용하는 산업용 자동차를 말해요. 페루치오의 트랙터 사업은 그야말로 대박이

났고 큰돈을 벌게 되었어요.

페루치오는 자동차를 무척 좋아했어요. 빠르게 달리는 것을 좋아하는 '속도광'이기도 했죠. 페루치오는 페라리, 벤츠, 재규어, 마세라티 등 여러 대의 스포츠카를 갖고 있었지만 그의 마음에 쏙 드는 차는 없었어요. 그는 특히 페라리에 불만이 많았어요. '클러치(엔진과 변속기 사이의 동력을 잇고 끊는 장치)'라는 부품이 자주 문제를 일으켰기 때문이에요.

슈퍼카의 시조

그러던 어느 날, 페루치오는 페라리 회사를 세운 엔초 페라리를 만나게 되었어요. 페루치오는 엔초에게 페라리 클러치에 문제가 있다고 항의했어요. 불같은 성격의 엔초는 바로 쏘아붙였어요. "군시렁대지 마시오. 페라리가 싫으면 트랙터를 몰든가!"

엔초의 말에 페루치오는 화가 머리끝까지 났어요. 그는 세상에서 제일가는 스포츠카를 만들어 엔초의 코를 납작하게 해주겠다고 다짐했어요. 람보르기니는 페라리를 이기기 위해 만들어진 자동차란 얘기가 여기서 나온 거예요.

1963년 람보르기니 자동차 회사가 문을 열었어요. 페루치오는 공장과 자동차 개발에 아낌없이 돈을 쏟아부었어요. 무조건 페라리보다 크고 좋아야 했어요. 그렇게 해서 세상에 처음 나온 람보르기니가 350GT예요.

차의 무게를 가볍게 하기 위해 속을 텅 비게 한 강철 뼈대로 몸체를 만들고, 가벼운 알루미늄을 그 위에 씌웠어요. 350GT는 멈춰 있는 상태에서 6초 만에 시속 100킬로미터를 낼 수 있었고, 최고 속도는 시속 244킬로미터가 나왔대요.

스포츠카 중에서도 성능이 뛰어나고 디자인이 좋은 차를 '슈퍼카'라고 불러요. 그런데 슈퍼카란 말이 나오게 된 것이 바로 람보르기니 때문이었어

시속 244킬로미터로 달리는 람보르기니 350GT

요. 람보르기니라는 자동차가 태어난 이유에서 알 수 있듯이, 모든 면에서 페라리와 비교되고 있답니다.

변신 로봇을 닮은 '시저 도어'

페라리와 람보르기니 모두 명차로 유명하지만 느낌이 약간 달라요. 빨간색 위주인 페라리와는 달리 람보르기니는 노랑, 주황, 초록, 검정 등 선명한 색깔을 사용했어요.

엔진 소리에 있어서도 페라리가 경쾌하고 날카로운 소리라면, 람보르기니는 묵직하고 두꺼운 굉음이었어요. 람보르기니의 엔진 소리를 들은 사람들은 투우 경기에 나온 소가 울부짖는 소리 같다고 말했어요.

람보르기니 자동차만의 특별한 디자인을 소개할 차례예요. 1974년 나온 '쿤타치'는 문이 가위 모양(시저 도어)으로 열려요. 보통 자동차들은 차 문을 당겨서 열지만, 쿤타치는 가위 날을 벌리듯 위로 올려서 열어요.

자동차 문이 열리는 모습을 보고 있으면 변신 로봇을 보는 느낌이에요. 문이 다 열리면 마치 차 양옆에 날개가 달린 모양이 되죠. 이후에 이 디자인은 다른 스포츠카에도 널리 사용되게 됩니다.

비록 페라리를 이기겠다고 시작했지만, 람보르기니는 자동차 역사를 바꾼 영웅이 되었어요. 아무도 생각하지 못한 디자인, 세상을 놀라게 한 속도, 지치지 않는 도전 정신은 오늘날에도 계속 이어지고 있습니다.

문이 가위 날 형태로 열리는 람보르기니 쿤타치

03

세상의 모든 탈것을 만들어요

피아트

창립자	조반니 아넬리 등
창립일	1899년 7월 11일
본 사	이탈리아 토리노
모회사	스텔란티스

땅으로, 바다로, 하늘로!

많은 자동차 회사들이 회사를 만든 사람의 이름을 자동차 이름으로 사용해요. 하지만 피아트(FIAT)는 예외예요. '이탈리아 토리노 자동차 공장'의 머리글자를 딴 이름이거든요. 피아트를 만든 사람은 조반니 아넬리예요. 혼자 만든 것은 아니고 8명의 사업가와 함께 피아트 회사를 시작했다고 해요.

피아트를 대표하는 말은 '땅으로, 바다로, 하늘로!'예요. 자동차뿐 아니라 기차, 배, 비행기를 모두 만든다는 뜻이에요. 이탈리아를 대표하는 최고의 회사가 바로 피아트예요.

조반니 아넬리는 이탈리아 피에몬테주에서 공무원 아버지에게서 태어났어요. 조반니는 사관학교에 들어가 기병대 장교가 되었어요. 하지만 곧 자신이 군인과는 어울리지 않는다는 것을 깨달았어요.

1900년 조반니는 코르소 단테란 곳에 공장을 세우고 피아트의 첫 자동차인 31/2HP를 내놓았어요. 그는 자동차는 부자들만 타는 것이 되어서는 안 된다고 믿었어요. 누구라도 탈 수 있도록 값싸고 성능이 좋은 자동차를 만들겠다는 것이 그의 꿈이었죠.

헨리 포드나 앙드레 시트로엥도 이런 생각을 했어요. 사실 조반니는 헨리 포드와 친했어요. 그는 포드에게서 자동차를 대량으로 만드는 방법을 배우기도 했어요.

공장 옥상에서 차가 달린다?

다른 자동차 회사들처럼 피아트도 1차 세계 대전을 겪었어요. 전쟁 중에는 군대를 위해 디젤 엔진, 항공기, 탱크 등을 만들었어요. 그러면서 회사는 점점 크게 성장했어요.

1923년에는 엄청나게 큰 링고토 공장을 지었어요. 이 공장은 아직까지도 전설처럼 여겨져요. 공장의 1층에서 5층까지가 소라 모양으로 연결되어 차로 이동할 수 있었죠. 그리고 옥상에는 자동차를 시험하거나 경주를 할 수 있는 트랙이 있었어요.

2차 세계 대전 중 피아트가 만든 탱크

2차 세계 대전 중 피아트가 만든 전투기

지금 링고토 공장에서는 자동차를 만들지 않아요. 호텔과 박물관, 쇼핑센터로 바뀌었거든요. 하지만 옥상의 트랙은 여전히 이용할 수 있대요. 가끔 오토바이나 자동차 경주가 열리기도 한다니 꼭 한번 구경하고 싶네요.

2차 세계 대전이 일어났을 때도 피아트는 이탈리아 군대를 위해 일했어요. 1945년 전쟁이 끝나던 해에 조반니가 세상을 떠났어요. 피아트에도 위기가 찾아왔지만 다행히 잘 극복할 수 있었어요. 피아트는 조반니의 손자인 잔니 아넬리가 이어받았어요.

당시 이탈리아에는 자동차를 만드는 작은 회사들이 무척 많았어요. 잔니 아넬리는 그 회사들을 하나씩 사들여서 피아트를 이탈리아 최고의 자동차 회사로 발전시켰어요. 현재 피아트는 소형차, 중형차, 대형차, 고급차, 스포츠카를 모두 생산하고 있답니다.

알면 힘이 되는 상식 ❷

전쟁과 자동차

여러분도 눈치챘겠지만, 자동차의 발전은 전쟁과 관련이 깊어요. 그렇다면 두 번의 세계 대전은 왜 일어났고 결과는 어땠는지 알아보아요.

★ 제1차 세계 대전 ★

1914년 일어난 사라예보 사건이 이 모든 일의 시작이었어요. 사라예보란 곳에서 오스트리아의 황태자 부부가 총에 맞아 사망했어요. 총을 쏜 사람은 세르비아의 청년! 오스트리아가 약소국인 세르비아를 침략하고 독립국이 되는 것을 방해했기 때문이에요. 당시는 유럽의 나라들이 약한 나라를 침략해 식민지로 만들었어요. 각 나라는 자신의 이익을 챙기기 위해 오스트리아 편과 세르비아 편으로 갈라졌어요. 독일과 오스만제국은 오스트리아 편이 되었고, 러시아와 영국, 프랑스, 미국은 세르비아 편이 되면서 유럽 전체가 큰 전쟁을 벌인 것이 1차 세계 대전이에요. 전쟁의 결과 독일은 모든 식민지를 빼앗기고 엄청난 배상금을 물어야 했어요. 이것이 두 번째 전쟁의 불씨가 됐어요.

★ 제2차 세계 대전 ★

독일은 굴욕감과 함께 경제적으로 힘든 시기를 보내야 했어요. 그 틈을 타서 히틀러가 집권하고 다시 전쟁 준비를 시작해요. 히틀러는 이탈리아의 독재자 무솔리니와 동맹을 맺고 1939년 폴란드를 침공했어요. 프랑스와 영국이 즉각 폴란드 편을 들었고요. 2차 세계 대전은 추축국(독일, 이탈리아, 일본 등)과 연합국(프랑스, 영국, 미국, 소련, 중국)의 전쟁이었고, 연합국의 승리로 끝났어요.

Chapter 03

스웨덴 편

SWEDEN

01

바이킹의 후손이 만든 강인한 차

볼보

창립자	아서 가브리엘손, 구스타프 라손
창립일	1927년 4월 14일
본사	스웨덴 예테보리
모회사	저장지리 홀딩 그룹

7층에서 떨어져도 멀쩡해요

 푸른 바다를 항해하던 바이킹의 후손들이 만든 차, 볼보는 강함과 우아함을 모두 갖추고 있어요. 볼보는 '가장 안전한 자동차'로 유명해요. 7층(14미터) 높이의 다리에서 떨어져도 멀쩡하고, 여섯 달 동안 바닷물에 담가 놓아도 녹슬지 않을 정도라고 하니 대단하죠?

 볼보가 이렇게 튼튼하고 안전한 자동차가 될 수 있었던 것은 볼보의 고향이 스웨덴이기 때문인지도 몰라요. 지도를 보면 스웨덴은 북극 쪽에 가까워요. 산도 많고 날씨는 정말 춥죠.

 스웨덴의 추운 날씨와 얼어붙은 도로는 자동차에겐 힘든 환경이에요. 이런 조건에서도 안전하게 달리기 위해서는 볼보 자동차 정도는 되어야 했던 거예요.

 볼보가 태어난 것은 1920년대 초예요. 두 젊은이, 아서 가브리엘손과 구스타프 라손은 SKF라는 철강 회사에서 일하면서 각자 자동차로 성공하겠다는 꿈을 키우고 있었어요. 둘 다 앞으로의 세상은 자동차가 지배할 것이라고 믿었던 거예요. 경제학을 전공하고 판매 책임자로 있었던 아서는 사업 감각이 뛰어났고, 구스타프는 엔진 분야의 우수한 기술자였어요.

볼보 자동차를 만든 기획자 아서(왼쪽)와 기술자 구스타프(오른쪽)예요.

바닷가재에서 아이디어를

두 사람이 만난 것은 1924년 10월이었어요. 자동차에 관심이 많았던 두 사람은 금세 친해졌어요. 어느 날 함께 점심을 먹는데, 식탁에 올라온 것은 살아 있는 가재 요리였어요. 그런데 구스타프가 실수로 가재를 바닥에 떨어뜨렸어요.

가재는 자기 몸보다 몇 배나 높은 곳에서 떨어졌지만 상처 하나 없었고 아무 일도 없었다는 듯이 재빨리 기어서 도망갔대요. 두 사람은 동시에 '저 가재처럼 튼튼한 차를 만들자'라고 생각했대요.

어두운 길, 얼어붙은 길에서도 안전하게 달리고 사고가 났을 때도 사람을 보호할 수 있는 튼튼한 차를 만들기 위해 두 사람은 머리를 맞댔어요.

1926년 자동차를 만들기 시작한 지 2년 만에 두 사람은 열 대의 자동차를 완성했어요. 돈과 기술이 부족해 다른 회사들의 부품을 조립한 것이지

볼보 자동차의 디자인은 바닷가재에서 힌트를 얻었어요.

만, 스웨덴으로서는 대단한 뉴스였어요. 그때까지만 해도 스웨덴에는 자동차 회사가 없었기 때문이에요. 스웨덴에서 굴러다니는 모든 차는 수입된 거였어요.

아서 가브리엘손과 구스타프 라손이 다니던 철강 회사가 SKF였다고 한 것 기억하죠? 이 회사는 두 젊은이가 만든 자동차를 보고 바로 자동차 회사를 세울 수 있도록 도와주었어요. 자동차 이름은 '볼보'로 지었어요. 라틴어로 '나는 굴러간다'라는 뜻이에요.

안전벨트는 볼보의 발명품

요즘은 어떤 차에도 있는 안전벨트가 볼보의 발명품이라니 놀랍죠? 볼보가 얼마나 안전을 중요하게 생각했는지 알 수 있어요.

볼보는 세계 최초로 자동차 옆면 충격 보호 장치(SIPS)와 옆면 에어백을 개발한 것으로도 유명해요. 자동차 사고 중에서 옆면 충돌은 앞면에서 부딪치는 것 못지않게 위험해요.

옆면 충격 보호 장치는 자동차 옆쪽에서 오는 충격을 차 전체에 골고루 분산해서 충격을 줄여준대요. 여기에 차의 옆면과 운전자 사이에 설치한 옆면 에어백이 다시 한 번 운전자를 충격에서 보호해주는 거예요.

그리고 볼보에는 정면 충돌을 했을 때 차체가 착착 접히면서 충격을 줄여주는 장치(크럼플 존*)까지 있어서, 운전자를 더 안전하게 보호해줘요.

볼보는 정말 안전을 최고로 생각하는 차예요. 1965년부터 교통사고 조사반을 만들어 교통사고의 원인을 자세히 조사하고 있어요. 경찰도 아니고 보험회사도 아닌 자동차 회사가 이런 일을 한다니 정말 대단해요. 볼보는 이러한 자료를 분석하고 연구해 더 완벽한 볼보를 만들어 가고 있어요.

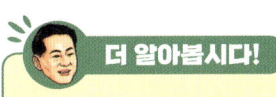 더 알아봅시다!

★ 크럼플 존

자동차가 충돌하면 운전자에게 가는 충격을 줄이기 위해 차체가 찌그러지는데 그 부분을 크럼플 존이라고 해요. 볼보는 엔진이 있는 보닛 부분이 주름 모양으로 접힌대요.

02

노벨상의 나라에서 온 명차

사브

창립자	마르쿠스 발렌베리 주니어 등
창립일	1937년
본사	스웨덴 스톡홀름

전투기 기술로 만든 차

볼보와 사브는 스웨덴 회사로서 닮은 점도 많지만 다른 점도 많아요. 볼보가 두 명의 젊은이가 시작한 자동차 전문 회사라면, 사브는 '스웨덴의 삼성'이라 불리는 발렌베리 재단에 소속된 회사예요.

사브는 원래 전투기를 만드는 회사로 유명했어요. 사브(SAAB)라는 이름도 '스웨덴 항공 유한회사'의 머리글자를 딴 거예요.

2차 세계 대전이 끝나고 전투기가 많이 필요하지 않게 되자, 기술자들이 모여 아이디어를 냈어요. 우리도 자동차를 만들어보자고요.

상자를 쌓은 것 같기도 하고 레고 블록을 조립한 것 같기도 한 볼보와는 달리, 전투기를 만들던 설계자들이 만든 사브는 둥그렇고 날렵한 모양으로 큰 인기를 모았어요.

사브 자동차 역시 볼보와 마찬가지로 안전을 중요하게 생각하고 튼튼한 자동차를 만드는 것으로 유명해요. 스웨덴은 눈이 많이 오고, 한낮에도 헤드라이트를 켜야 할 정도로 어두워요. 험한 산길도 많고 겨울은 엄청나게 춥죠. 이런 조건에서도 안전하게 달리려면 특별한 차가 필요했어요.

사브가 튼튼한 자동차를 만들 수 있었던 이유는 또 있어요. 원래 비행기를 만들던 회사였기 때문이에요. 비행기에 쓰는 철판은 자동차에 쓰는 철판보다 훨씬 강하겠죠?

위는 2차 세계 대전 중에 전투기를 만들고 있는 사브 공장, 아래는 사브가 만든 최첨단 전투기 JAS39 그리펜이에요.

사브 자동차는 비행기용 철판에다 여러 번 두껍게 칠을 해서 만들었다고 해요. 다른 자동차와 비교하면 얼마나 튼튼할지 상상이 되네요.

세계 최초의 헤드라이트, 범퍼, 와이퍼

사브의 가장 큰 특징은 빙판길이나 흙탕길에서 드러나요. 얼어붙은 날씨나 험한 산길에서도 거침없이 달릴 수 있거든요. 고장도 잘 나지 않고, 눈보라 치는 바깥에 오래 세워둬도 녹슬지 않아요.

밤길 운전을 위한 헤드라이트, 비 오는 날을 위한 와이퍼, 충격을 흡수하는 범퍼를 세계 최초로 달았던 자동차가 바로 사브예요. 자동차 역사에 길이 남을 일을 한 거죠.

사브는 못 쓰게 된 자동차의 부품들을 재활용하는 데도 1등이에요. 사브의 재활용률은 90%나 되었다고 해요. 폐차된 자동차의 90%를 다시 사용하다니 정말 대단한 거예요. 사브는 환경을 사랑하는 자동차이기도 해요. 사

스웨덴의 추운 겨울과 사브900 터보 자동차

브 자동차에서 나오는 배기가스가 영국 런던의 공기보다 깨끗하다는 이야기가 나올 정도였어요.

사브 자동차는 88%가 외국으로 수출되었는데, 특히 미국에서 인기가 좋았대요. 하지만 사브는 2000년대 들어 시대가 변하는 것을 따라가지 못한다는 이야기를 들었어요. 사브 자동차를 찾는 사람은 점점 줄었어요.

그 후 사브 자동차는 GM 그룹, 중국의 부동산 회사 등 여러 회사에 팔리는 불행을 겪었어요. 그리고 아직까지 다시 일어나는 모습을 보여주지 못하고 있어요.

사브의 엠블럼은 사자예요. 정확히 말하면 상반신은 독수리, 하반신은 사자의 모습이에요. 그리스 신화에 나오는 새와 짐승의 왕 '그리핀'이랍니다. 아마도 스웨덴 사람들은 사브가 그리핀처럼 힘차게 달릴 날을 기다리고 있을 거예요.

알면 힘이 되는 상식 ❸

자동차 용어 사전

★ **컨셉트카** 자동차 회사의 나아갈 방향을 보여주는 미래형 차를 말해요. 기술적인 문제나 비용 등은 생각하지 않고 모터쇼에 선보일 목적으로 만들어요. 단 한 대만 생산하기도 해요.

★ **프로토타입** 자동차를 본격적으로 만들어 판매하기 전에 시험 삼아 만들어보는 차를 말해요.

★ **모터쇼** 자동차 회사들이 자신의 새로운 차와 연구 중인 신기술 등을 공개하는 행사예요. 모터쇼에서 새로운 차를 세계 최초로 공개하는 것을 '월드 프리미어'라고 합니다.

★ **스포츠카** 편안함이나 경제성보다는 달리는 성능을 중요하게 생각한 차예요. 스포츠카와 비슷한 '스포티카'는 스포츠카와 보통 차의 중간쯤 되는 차예요.

★ **튜닝 카** 이미 나와 있는 자동차를 자신의 취향에 맞게 바꾸어 새로운 차로 개조하는 것을 말해요. 겉모습뿐만 아니라 엔진까지 바꾸는 경우도 있어요.

★ **레이스** 같은 코스를 동시에 출발해 가장 빨리 달리거나, 정해진 시간 안에 가장 긴 거리를 달리는 자동차가 우승하는 경기입니다. '포뮬라 원(F1) 그랑프리'가 대표적입니다.

★ **랠리** 경기장 안의 트랙이 아닌 보통 도로를 달리는 자동차 경기를 말합니다. 가장 유명한 것이 15일간 사막을 가로지르며 달리는 '다카르 랠리'입니다.

★ **서키트** 어려운 코스와 쉬운 코스가 적당하게 섞여 있는 자동차 경주만을 위한 포장 경기장을 말해요. 독일 뉘르부르크링(북부) 서킷이 세계 최고로 꼽혀요.

Chapter 04

영국 편
UNITED KINGDOM

007 영화에 나오는 그 차

롤스로이스

창립자	헨리 로이스, 찰스 롤스
창립일	1906년 3월 15일
본사	영국 웨스트햄프네트
모회사	BMW 그룹

가난한 기계공 로이스 이야기

롤스로이스는 세계 귀족들과 부호들이 가장 사랑하는 자동차에요. 어떻게 롤스로이스는 이러한 명예를 얻을 수 있었을까요? 지금부터 알아보기로 해요.

롤스로이스라는 이름에는 레이서 출신의 귀족 '롤스'와 완벽주의 기술자 '로이스'의 나이를 뛰어넘는 우정이 담겨 있어요.

프레드릭 헨리 로이스는 1863년 앵국 랭카셔주에서 가난한 농민의 아들로 태어났어요. 로이스는 아홉 살 때부터 신문 배달을 하며 아버지를 도와야 했어요.

로이스는 잘 살기 위해서는 기술자가 되는 길밖에 없다고 생각했어요. 그는 낮에는 일하고 밤에는 야간 학교에 가서 열심히 공부했어요. 덕분에 훌륭한 전기 기술자가 될 수 있었어요.

전기제품 사업으로 성공한 로이스는 39세가 되었을 때 자동차를 한 대 샀어요. 그런데 이 차가 말썽이었어요. 시동도 잘 걸리지 않고 무엇보다 너무 시끄러웠어요. 타고난 기술자였던 로이스는 자기가 직접 자동차를 만들어야겠다고 결심했어요.

그 후 자신의 공장 한쪽을 자동차 작업실로 바꾸고 자동차를 잘 아는 직원을 뽑았어요. 드디어 1903년 12월에 자신이 설계한 자동차를 완성했어

귀족 출신의 롤스(왼쪽)와 가난한 기술자였던 로이스(오른쪽), 둘은 모든 것이 달랐지만 친구가 되었어요.

요. 로이스는 시험 운전을 해보고 매우 만족했다고 해요.

겉모양은 다른 차들과 비슷했지만, 안에 들어간 장치들은 확 바뀌었던 거예요. 우선 시동 거는 것이 쉬워졌고 자동차 소음이 거의 사라졌어요. 연소 성능, 점화장치, 변속기가 모두 좋아졌어요.

로이스는 자신감을 얻었어요. 전기제품 만드는 일을 그만두고 본격적으로 자동차를 만들기 시작했어요. 로이스는 작은 일에도 최선을 다하는 사람이었어요. 그런 정신으로 자동차를 만들었으니 깜짝 놀랄 정도로 좋은 자동차가 탄생한 거예요.

로이스는 자동차 쪽에서 유명 인물이었던 헨리 에드먼드에게 자기가 만든 차를 타보라고 했어요. 헨리는 로이스의 차에 푹 빠지게 되었대요.

귀족 출신의 롤스 이야기

이제 '롤스' 얘기를 할 차례예요. 찰스 롤스는 로이스와 여러 가지로 비교되는 사람이에요. 우선 롤스는 로이스보다 열네 살 정도 어려요. 귀족 출신으로 런던에서 태어난 그는 명문 이튼 학교와 캠브리지대학에서 기계공학을 공부했어요.

롤스는 키가 크고 잘생긴 외모에 부자였어요. 어려서부터 돈을 벌어야 했던 로이스와는 달랐죠. 게다가 롤스는 유명한 속도광이었어요. 속도광이란 빨리 달리는 것을 좋아하는 사람이란 뜻이에요. 롤스는 자동차 경주가 열리면 어디든 참가하곤 했어요. 롤스의 직업은 외국 자동차를 수입해 파는 것이었어요.

롤스는 평소에 불만이 많았어요. 왜 영국은 좋은 자동차를 만들지 못하는지 이해가 되지 않았어요. 그러던 어느 날 친구인 헨리 에드먼드가 달려와서 이렇게 말했어요. "찰스, 우리 영국에서도 진짜 대단한 자동차가 나왔어!" 롤스는 로이스의 자동차 이야기에 귀가 번쩍 뜨였어요.

1902년 파리-비엔나 경주에 참가한 찰스 롤스

롤스와 로이스의 우정

1904년 에드먼드의 소개로 28세의 롤스와 42세의 로이스가 만났어요. 로이스가 만든 차를 타본 롤스는 "제가 세상에서 가장 훌륭한 자동차를 만났군요!"라며 로이스의 손을 잡았어요. 이렇게 해서, 1904년 롤스와 로이스의 '롤스로이스' 자동차 회사가 만들어져요.

주변에 아는 사람도 많고 자동차 판매도 해본 적 있는 롤스가 자동차 파는 일을 맡았고, 로이스가 자동차 만드는 일을 맡았어요.

롤스는 차를 널리 알리기 위해 롤스로이스 자동차를 몰고 영국 안의 모든 자동차 경주에 나갔어요. 귀족이나 장교들이 모이는 파티에도 참석해 롤스로이스를 소개했어요. 이쯤 되니 왜 롤스로이스가 귀족의 자동차가 되었는지 짐작이 되죠?

롤스로이스의 인기는 대단해서, 1년에 100대 이상의 자동차가 팔렸어요. 롤스는 요즘으로 치면 연예인과 비슷한 유명 인사였어요. 상류층 사람들이 롤스가 만드는 자동차를 사기 위해 줄을 섰다고 해요.

하지만 롤스는 모험심이 많은 사람이었어요. 당시 유럽에서는 비행기에 대한 관심이 높았어요. 롤스는 금세 비행기에 빠져서 조종사가 되었어요.

비행기를 타고 영국과 프랑스를 연결하는 도버해협을 최초로 왕복한 사람이 바로 찰스 롤스였어요. 1910년 롤스는 비행기 고장으로 추락해 33세의 젊은 나이에 세상을 떠났어요.

그때쯤 자신의 몸을 돌보지 않고 평생 힘들게 일해온 로이스에게도 병이 찾아왔어요. 로이스는 요양을 하기 위해 프랑스로 떠나야 했어요. 비록 예전처럼 미친 듯이 일할 수는 없었지만, 프랑스에서도 기술 개발을 계속해 나갔어요.

1914년 1차 세계 대전 중에 로이스는 항공기 엔진으로 눈을 돌리게 돼요. 롤스도 살아 있을 때, 비행기 엔진에 관심을 가지라고 얘기한 적이 있었거든요. 연구 끝에 로이스의 비행기 엔진이 완성되었어요. 슈퍼마린 스핏

로이스가 설계한 엔진이 들어간 영국 전투기, 호커 허리케인이에요.

파이어, 호커 허리케인 등 영국 전투기들은 로이스가 설계한 엔진으로 만들어졌어요. 루이스는 영국 왕실로부터 경(Sir)이란 귀족의 칭호를 받았지만, 정작 자신은 '기계공 로이스'라고 불러주는 것을 가장 좋아했대요. 로이스는 1933년 70세의 나이로 일생을 마쳤어요.

은빛 유령이 달려온다!

롤스로이스 자동차 중에서 유명한 것이 '실버 고스트(은빛 유령이라는 뜻)'

예요. 차의 몸체를 알루미늄으로 만들고 헤드라이트와 범퍼를 은으로 도금해 번쩍번쩍 빛났기 때문이에요.

이 차를 처음 본 기자 한 명이 '멀리서 은빛 유령이 달려오는 것 같다'라고 말한 것이 이 이름의 시작이래요. 실버 고스트는 롤스로이스를 세계 최고의 명차로 만든 주인공이에요.

롤스로이스에 대한 전설 같은 이야기도 있어요. 자동차 앞 덮개(보닛) 위에 동전을 세우고 시동을 걸었을 때, 동전이 쓰러지지 않는 자동차만 고객에게 판다는 거예요. 1906년 세상에 나온 실버 고스트도 최종 검사에서 이 방법을 썼다고 해요.

번쩍번쩍 빛나는 롤스로이스 실버 고스트

영화 '007 골드 핑거'에 등장하는 롤스로이스 팬텀

다음으로 소개할 것이 바로 롤스로이스 '팬텀'이에요. 동화 '정글북'을 쓴 영국의 작가 '러디어드 키플링'은 롤스로이스를 무척 좋아했어요. 그는 팬텀을 몰았는데 어느 날 차가 고장 났대요.

그는 차를 호텔까지 가져다 놓고 깊은 잠에 빠졌어요. 롤스로이스 지점이 먼 곳에 있어서 그곳까지 오려면 며칠은 걸릴 거라 생각한 거예요. 다음날 늦잠에서 깨어난 키플링은 깜짝 놀랐어요. 아침 일찍 롤스로이스 정비사들이 와서 자동차를 수리해놓고 갔다는 얘기를 들었거든요.

롤스로이스 팬텀이 유명해진 것은 007 영화에 자주 등장하기 때문이기도 합니다.

02
괴짜가 만든 영국 명차

벤틀리

창립자	월터 오웬 벤틀리, 호러스 밀너 벤틀리
창립일	1919년 7월 10일
본 사	영국 크루
모회사	폭스바겐 그룹

벤틀리 형제의 오랜 꿈

벤틀리는 월터 오웬 벤틀리와 그의 형 호레이스 밀너 벤틀리가 만든 자동차 회사예요. 월터는 아홉 명의 형제 중 막내로 태어났어요. 아버지가 부유한 사업가여서 월터는 하고 싶은 일을 마음껏 하며 자랐어요.

월터는 자동차와 자동차 경주를 좋아했고, 자신의 이름을 딴 자동차를 만드는 게 꿈이었어요. 어른이 된 월터는 형 호레이스와 함께 프랑스 차를 수입해 파는 일을 했어요.

그러다 1차 세계 대전이 일어났어요. 월터는 자동차에 대한 꿈은 조금 뒤로 미루고, 항공기 엔진을 만드는 일을 시작했어요. 월터가 만든 항공기 엔진은 성능이 좋아 찾는 곳이 많았어요.

월터는 항공기 엔진도 만드는데 자동차를 못 만들 게 없다고 자신감을 얻었어요. 1919년 월터는 벤틀리 자동차 회사를 세웠어요. 벤틀리 자동차는 '더 빠른 차, 더 좋은 차, 동급 최고의 차'를 목표로 내걸었어요.

1920년 벤틀리의 첫 번째 자동차가 도로 주행 시험을 했어요. 결과는 대성공이었어요. 벤틀리는 인디애나폴리스 500* 경주와 르망 24시** 대회에

 더 알아봅시다!

* **인디애나폴리스 500**
미국 인디애나폴리스 경기장 트랙 200바퀴를 누가 빨리 도느냐로 승부를 가려요. 200바퀴가 500마일(800킬로미터)이어서 이런 이름이 붙었어요.

** **르망 24시**
프랑스 르망 마을 근처에서 열리는 경주로 24시간 동안 13.6킬로미터의 트랙을 몇 바퀴 도느냐로 우승자를 가려요. 지옥의 경주라고 불린답니다.

1930년 르망 24시에서 우승한 벤틀리 6.6리터, 여기서 리터는 배기량을 말해요.

나가서도 좋은 성적을 얻었어요.

당시에 영국을 대표하는 명차는 누가 뭐래도 롤스로이스였어요. 하지만 영원한 것은 없어요. 벤틀리가 점점 롤스로이스를 넘보는 경쟁 상대로 성장했거든요. 2023년 영국 찰스 3세의 대관식 날, 찰스 3세 부부가 버킹엄 궁전까지 타고 갔던 자동차가 바로 벤틀리 리무진이었어요.

벤틀리의 특징은 고급스러운 디자인과 뛰어난 성능이에요. 고급스러우면서 세련되고, 묵직하면서 섬세한 벤틀리를 사랑하지 않을 수가 없었죠.

벤틀리 엠블럼 날개의 비밀

　벤틀리를 만든 월터 오웬 벤틀리는 자동차광이자 괴짜였다고 해요. 어느 날 월터의 이웃이 자동차 소리가 너무 시끄럽다고 항의했어요. 그러자 월터는 "당신 평생에 이렇게 위대한 자동차 소리를 듣게 된 것을 영광으로 아시오!"라고 오히려 큰소리를 쳤어요.

　월터의 장난기는 벤틀리의 엠블럼에도 남아 있어요. 여러분도 날개 모양의 엠블럼을 자세히 살펴보세요. 왼쪽과 오른쪽 날개의 깃털이 다르다는 것을 알 수 있어요.

　맨 처음 엠블럼을 만들었을 때는 깃털의 수가 왼쪽 13개, 오른쪽 14개였대요. 그러다 1931년에 양쪽 모두 10개로 바뀌었다가, 2020년에 왼쪽 10개에 오른쪽 11개로 다시 바뀌었대요. 월터는 왜 이런 장난을 했을까요? 그 이유는 월터밖에 모를 거예요.

　벤틀리는 운이 좋지 않았어요. 회사가 만들어지고 한참 성장해 나갈 때

최초의 벤틀리 엠블럼, 깃털의 개수는 왼쪽 13개 오른쪽 14개예요.

웅장한 모습의 1930년형 벤틀리 자동차

유럽에 경제 공황이 찾아왔기 때문이에요. 공황이란 경제 사정이 매우 나빠져 모두가 가난해지는 것을 말해요.

돈이 없으니 벤틀리처럼 크고 비싼 차를 사려는 사람은 거의 없었어요. 1930년부터 1932년까지 100대의 벤틀리가 만들어졌는데 겨우 78대가 팔렸다고 해요. 더 이상 버틸 수가 없었을 거예요.

결국 벤틀리는 1931년 자신의 경쟁 상대인 롤스로이스에 팔리게 되었어요. 회사를 팔면서, 월터는 자신의 회사 이름인 '벤틀리'만은 유지해 달라는 조건을 달았다고 해요. 그 후 60년 가까이 벤틀리는 롤스로이스 회사가 만드는 스포츠카 정도로만 생각되었어요.

벤틀리는 폭스바겐의 품으로

그러다 1998년 이후 벤틀리는 또 한 번의 변화를 겪어요. 당시 벤틀리와 롤스로이스를 소유하고 있던 영국의 중공업 회사가 벤틀리를 팔겠다고 선언한 거예요. 폭스바겐과 BMW가 서로 벤틀리를 사겠다고 나섰어요. 복잡한 과정을 겪은 후, 벤틀리는 2003년부터 폭스바겐 그룹으로 들어가게 되었어요.

이렇게 주인이 여러 번 바뀌는 동안에도 벤틀리의 정신은 변하지 않았어요. 여전히 벤틀리는 전 세계 유명인들이 가장 좋아하는 자동차 중 하나예요.

롤스로이스와 벤틀리를 비교하는 재미난 이야기가 있어요. 롤스로이스의 주인은 기사에게 운전을 맡긴 다음 자신은 뒷자리에 앉고, 벤틀리의 주인은 자신이 직접 운전을 한다는 거예요. 자동차를 진짜 사랑하는 사람들의 차라는 이야기죠.

03

정글의 맹수를 닮은 차

재규어

창립자	윌리엄 라이언스, 윌리엄 왐슬리
창립일	1922년 9월 4일
본 사	영국 코번트리
모회사	인도 타타그룹

세계에서 가장 아름다운 자동차

전 세계에서 가장 아름다운 자동차란 별명을 갖고 있는 자동차, 재규어예요. 재규어는 아메리카 대륙에서 가장 큰 고양이과 맹수예요. 온몸에 아름다운 장미꽃 무늬가 있는, 표범을 닮은 동물이죠. 이렇게 동물 이름을 가진 자동차로는 머스탱(야생마란 뜻)이 있어요.

재규어는 1922년 윌리엄 라이언스 경과 윌리엄 왐슬리에 의해 시작되었어요. 처음에는 회사 이름이 '스왈로우 사이드카'였어요. 이것을 줄이니 SS가 된 게 문제였어요. SS는 유럽에서 나치 친위대*로

더 알아봅시다!

★ 나치 친위대(SS)
히틀러가 만든 슈츠스타펠(SS)은 전 유럽에서 공포의 대상이었어요. 전쟁이 끝나고 연합국재판소는 유대인 학살 등 잔혹행위를 들어 SS를 범죄단체로 선언했어요.

정글의 맹수 재규어

'미스터 재규어'라고 불린 윌리엄 라이언스경(오른쪽에서 네 번째)

통했거든요. 그래서 1945년에 회사 이름을 재규어로 바꿨어요.

재규어는 '누가 우리를 따라 할 수는 있지만 우리는 어떤 것도 따라 하지 않는다'라는 생각으로 독특한 디자인의 자동차를 만들어 왔어요. 재규어 자동차를 설계할 때도, 정글의 맹수 재규어를 떠올린다고 해요. 재규어는 평소에는 부드럽게 움직이지만, 먹이를 발견하면 총알처럼 달리는 것으로 유명해요.

재규어는 자동차 이름부터 디자인, 엠블럼까지 재규어라는 동물에서 따왔어요. 특히 재규어 자동차의 앞 덮개(보닛)에는 재규어가 힘차게 뛰어오르는 엠블럼이 있어요. 이 엠블럼을 '리퍼(뛰어오른다는 뜻)'라고 불러요.

재규어는 오랫동안 리퍼를 엠블럼으로 쓰다가 2007년에 재규어 얼굴을 정면에서 바라본 모습으로 바꿨어요. 새로운 엠블럼의 이름은 '그롤러(으르릉이란 뜻)'예요.

재규어의 새로운 엠블럼, 빨간색 배경이 강렬해요.

르망 24시를 녹색으로 물들여요

처음에 재규어는 경주용 자동차로 시작했어요. 당시 유럽의 자동차 경주는 영국, 독일, 이탈리아, 프랑스가 열띤 경쟁을 벌였어요. 영국은 녹색, 독일은 은색, 이탈리아는 빨간색, 프랑스는 파란색 차들을 주로 출전시켰죠. 영국을 대표하는 녹색 자동차가 바로 재규어였어요.

1950년대 재규어는 르망 24시에서 다섯 번이나 우승했어요. 르망 24시의 시상대는 늘 녹색으로 물들어 있었던 거예요.

1961년 제네바 모터쇼에서 처음 소개된 재규어 E형은 자동차 역사상 가장 아름다운 차로 꼽혀요. 길고 우아한 곡선을 뽐내는 E형 앞에서 모두가 넋을 잃었어요. 마치 미래에서 온 자동차처럼 보였거든요.

1960년대 후반부터 재규어는 경주용 차가 아닌 일반 자동차에서도 성공

자동차 역사상 가장 아름다운 차로 꼽히는 재규어 E형

을 거두기 시작해요. 경주용 차만큼 잘 달리면서도 편안하고 넓은 자동차를 싫어할 사람은 없으니까요.

재규어는 이후 주인이 여러 번 바뀌는 운명을 겪었어요. 1990년 재규어는 미국의 포드 그룹으로 넘어갔어요. 대량생산으로 값싼 자동차를 만든다는 생각을 가진 포드와 재규어는 처음부터 맞지 않았어요. 재규어의 고급스러움과 독특함을 지킬 수 없었기 때문이에요.

2007년 재규어는 다시 인도의 타타 그룹 소속이 되었어요. 이후 재규어는 다시 예전의 명성을 되찾아가고 있다고 해요.

벤츠와 재규어의 광고 배틀

2013년 재미있는 광고 배틀이 벌어졌어요. 먼저 메르체데스 벤츠가 닭이 등장하는 광고를 내보냈어요. 닭들이 편안해할 정도로 벤츠는 안정감 있게 달린다는 얘기였어요.

재규어는 벤츠의 닭 광고에 맞서는 광고를 만들었어요. 벤츠 광고에 나온 닭을 살금살금 다가간 재규어가 잡아먹는다는 내용이에요. '고양이 같은 반사신경'이란 자막과 함께 닭의 깃털이 날리는 이 광고는 전 세계에서 큰 화제가 되었답니다.

재규어는 멀리서 봐도 재규어라는 말이 있어요. 그만큼 디자인이 특별하다는 거예요. 시동을 걸고 달리면 정글을 달리는 재규어처럼 용맹스럽죠. 회사의 주인이 여러 번 바뀌는 동안에도 재규어다움은 변치 않았어요.

Chapter 05

프랑스 편
FRANCE

01

세계 최초 자동차 경주의 우승자

푸조

창립자	아르망 푸조
창립일	1897년
본 사	프랑스 브르고뉴 두 주 소쇼
모회사	스텔란티스

톱과 망치에서 자전거와 자동차로

1887년 파리에 푸조 자동차 회사를 세운 사람은 아르망 푸조예요. 그런데 푸조 가문은 나폴레옹이 지배하던 시절부터 이름난 사업가 집안이에요.

아르망의 고조할아버지는 방직공장을 세웠고, 증조할아버지는 공구 공장을 세워서 큰돈을 벌었어요. 그리고 아르망의 할아버지는 1832년 철강을 만드는 '푸조 형제 회사'를 세웠어요.

푸조 형제 회사에서는 톱, 망치, 재봉틀, 시계태엽, 커피 분쇄기, 우산살 같은 생활에 꼭 필요한 철강 제품을 만들었는데, 커다란 공장을 3개나 가지고 있었대요.

아르망은 공과대학을 졸업하고 영국으로 건너가 여러 공장에서 일하며 경험을 쌓았어요. 그리고 고향으로 돌아와 아버지의 일을 도왔어요. 처음엔 아버지 회사에서 자전거를 만들기 시작했어요.

비록 자전거를 만들고는 있었지만 아르망의 머릿속을 꽉 채운 것은 자동차였어요. 아르망은 1889년 세 바퀴로 가는 증기 자동차를 만들었어요. 바로 '세르폴레 푸조'예요.

아르망은 자신의 작품을 파리 세계박람회에 내보냈어요. 메르세데스-벤츠보다 먼저 공개한 증기 자동차라 할 수 있어요. 이 자동차로 500킬로미터 주행 시험에도 성공했죠.

네 바퀴로 가는 가솔린 자동차를
타고 있는 아르망 푸조

아르망 푸조가 만든 세 바퀴
증기 자동차, 세르폴레 푸조

하지만 그때쯤 증기 자동차보다 더 편리하고 빠른 가솔린 자동차가 나타났어요. 아르망은 가솔린 엔진에도 관심이 많았어요. 1890년에는 독일의 다임러 회사에서 엔진을 받아서, 드디어 네 바퀴로 가는 가솔린 자동차를 완성했어요.

그로부터 4년 뒤, 세계 최초의 자동차 경주 대회(파리-루앙)가 열렸어요.

파리에서 출발해 126킬로미터를 달리는 이 경기에서 아르망이 만든 푸조 자동차가 우승했어요. 다음해 1,200킬로미터 경주에서도 푸조 자동차가 우승하자, 푸조의 인기는 하늘을 찔렀어요.

프랑스에서 비틀을 몰아낸 차

아르망은 이제 독립해야 할 때라고 느꼈어요. 1897년 아버지 회사를 떠난 푸조는 파리로 가서 푸조 자동차 회사를 세웠어요. 이때부터 자동차 부품과 엔진을 직접 만들기 시작했어요.

푸조는 벤츠 다음으로 긴 역사를 가진 자동차 회사예요. 프랑스에서는

프랑스에서 비틀을 몰아낸 소형차 푸조 205 모델

2021년 바꾸기 전의 엠블럼, 앞발을 든 사자 모습이에요.

보통 푸조와 르노를 국민차라고 말해요. 푸조의 최고급 모델은 대통령의 의전 차량으로 사용되고, 프랑스 경찰도 공공연하게 푸조를 탄대요.

1983년 푸조의 이름으로 처음 내놓은 소형차 푸조 205는 엄청난 인기를 끌며 굉장히 많이 팔렸어요. '프랑스에서 독일의 폭스바겐 비틀을 몰아낸 위대한 국민차'라는 폭풍 칭찬을 받았어요.

푸조 자동차의 엠블럼은 사자예요. 예전엔 앞발을 든 사자였는데, 2021년 방패 모양 안에 사자 옆얼굴이 들어간 모습으로 바뀌었답니다.

삼형제의 힘으로!

르노

RENAULT

창립자	루이 르노, 마르셀 르노, 페르낭 르노
창립일	1899년 2월 25일
본사	프랑스 불로뉴 비양쿠르

기어의 발명자, 루이 르노

르노 자동차를 만든 사람은 루이 르노예요. 파리 외곽의 부유한 집안에서 태어난 루이는 1898년 세계 최초로 기어를 사용하는 자동차를 발명했어요. 기어가 발명됨으로써, 자동차 운전이 매우 쉬워진 거예요.

이 발명 덕분에 루이는 엄청난 특허료를 받으며 돈방석에 앉았어요. 그는 자신이 직접 자동차를 만들어봐야겠다고 생각했어요. 그렇게 완성된 것이 '작은 자동차'란 뜻을 가진 '브와뜨레'였어요. 브와뜨레는 나오자마자 엄

루이 르노와 첫 번째 자동차 브와뜨레

루이, 마르셀, 페르낭 삼형제(가운데가 루이)

청난 인기를 모았어요.

　루이는 1899년 두 명의 형(마르셀, 페르낭)과 함께 '르노 형제 회사'를 세웠어요. 프랑스 국민들이 원하는 소형차를 대량으로 생산함으로써, 푸조를 제치고 프랑스에서 제일 큰 자동차 회사로 성장할 수 있었어요.

르노 형제 회사가 만들어지고 나서 10년 후, 런던 택시의 절반과 파리 택시의 3분의 2가 르노 자동차였다고 하니 대단한 성공이에요.

1차 세계 대전이 일어나자 르노 자동차는 군대를 위해 전차, 탄약, 항공기 등을 만들었어요. 특히 전쟁이 끝나갈 무렵 개발한 전차는 대포를 쏘는 포탑이 회전하는 모양이었어요. 이 최신형 전차는 미국, 소련, 이탈리아, 일본 등에 팔릴 정도로 인기가 높았다고 해요.

두 번의 전쟁과 르노의 운명

1차 세계 대전이 끝나고 20년 만에 전 세계는 다시 전쟁에 휩싸였어요. 바로 2차 세계 대전이에요.

전쟁 중에 프랑스는 독일에 점령당했어요. 르노 공장도 독일 나치의 손에 넘어갔어요. 루이 르노는 적인 독일 나치가 시키는 일을 하지 않을 수 없었어요.

1944년 전쟁이 끝나고 프랑스가 해방되자, 루이는 나치에 협력했다는 이유로 감옥에 갇혔어요. 게다가 공장은 폭격을 받아 거의 다 파괴되었어요. 결국 루이는 감옥에서 병을 얻어 세상을 떠났어요.

그렇다면 프랑스의 다른 자동차 회사들은 어떻게 행동했을까요? 푸조 자동차는 나치와 끝까지 싸웠어요. 나치가 이용할지도 모른다면서 스스로 공

2차 세계 대전 중
르노가 만든 탱크 FT17

장을 폭파하기까지 했어요. 시트로엥 자동차는 나치가 만들어 달라고 부탁한 트럭을 일부러 느릿느릿 일하면서 만들어 주지 않았어요.

실제로 '푸조는 애국자, 르노는 반역자(나라를 배신한 사람이란 뜻)'라고 생각하는 프랑스 사람들도 있대요. 루이 입장에서는 좀 억울할 것 같네요. 회사를 만든 루이 르노는 죽고 공장은 다 파괴된 르노 자동차는 이후 국가가 운영하는 기업이 되었다가, 지금은 자동차 전문 회사가 되었어요.

우리나라에서는 삼성 그룹과 르노가 합작해서 만든 '르노삼성 자동차'로 이름을 알렸어요. 지금은 르노와 삼성의 관계가 정리되어 '르노 코리아'가 되었답니다.

03

부자들만 차를 타는 세상, 안녕!

시트로엥

창립자	앙드레 시트로엥
창립일	1919년
본 사	프랑스 일드프랑스 센생드니 생투앙
모회사	스텔란티스

프랑스의 헨리 포드

'세상에서 가장 창조적인 차', '세계에서 가장 멋있고 색다르며 놀라움을 주는 차'라는 시트로엥을 소개할 차례입니다. 시트로엥은 롤스로이스나 벤츠처럼 고급 차는 아니에요. 누구나 쉽게 탈 수 있는 차이지만 늘 새로움을 보여주는 것이 시트로엥의 매력입니다.

시트로엥을 만든 사람은 앙드레 시트로엥입니다. 앙드레는 어려서부터 천재 소리를 들을 만큼 똑똑했어요. 그는 프랑스 최고의 기술 대학을 졸업한 후, 특수한 톱니바퀴를 만드는 회사를 세웠어요.

시트로엥의 엠블럼은 V자 2개를 거꾸로 뒤집은 모양이에요. 프랑스 사람들은 이 엠블럼을 '갈매기 두 마리'라는 애칭으로 부르는데, 톱니바퀴를 상징하는 것이라고 해요.

젊은 시절의 앙드레 시트로엥은 꿈을 가지고 있었어요. 프랑스의 '헨리 포드'가 되는 거였죠. 헨리 포드는 자동차의 대량생산을 시작한 미국의 자동차 왕이에요. 앙드레는 부자가 아닌

1932년경의 앙드레 시트로엥

평범한 사람들도 자동차를 탈 수 있는 세상이 곧 올 거라고 생각했어요.

앙드레는 값싸고 멋있는 차를 만들겠다는 생각으로 자동차 회사를 세웠어요. 하지만 사람들은 앙드레의 회사가 얼마 못 가서 망할 것이라고 생각했어요. 그때만 해도 자동차는 비싼 사치품이었어요. 값싼 차는 상상도 할 수 없었던 거예요.

두 개의 세계 신기록

1919년 마침내 시트로엥의 첫 번째 자동차, A형이 세상에 나왔어요. 앙드레의 계획대로 작고 예쁘고 값이 쌌어요. A형은 사람들의 예상을 뒤엎고 한 달 만에 3만 대가 팔렸어요.

시트로엥은 두 가지 신기록을 가지고 있어요. 첫 번째는 세계 최초로 '모노코크'란 자동차 몸체를 사용한 것이고, 두 번째는 세계 최초로 앞바퀴 굴림 차를 본격적으로 만든 거예요.

모노코크란 계란의 모양에서 아이디어를 얻은 거예요. 계란을 옆으로 눕히면 쉽게 깨지지만, 여러 개를 세워 놓으면 무거운 물건도 지탱할 수 있어요. 동그란 모양의 힘이에요.

모노코크 형태로 만든 시트로엥 자동차는 시속 60킬로미터로 달리다가 정면 충돌을 해도 차의 실내가 전혀 찌그러지지 않는다고 해요.

1919년 시트로엥의
첫 번째 자동차, A형

무엇보다 시트로엥의 특징은 놀랄 만큼 멋지다는 거예요. 스포츠카는 아니지만 스포츠카만큼 멋지고 새로워요. 특히 늘씬하고 매끈한 옆모습은 감탄이 나올 정도예요. 뒷바퀴가 최대한 뒤쪽으로 가도록 설계해 앞바퀴와 뒷바퀴 사이가 길다 보니, 실내가 넓다는 장점도 있어요.

시트로엥은 자동차뿐만 아니라 자동차 광고에 있어서도 특별했어요. 앙드레는 이런 쪽으로 특별한 재능을 갖고 있었다고 해요. 앙드레는 푸조나 르노보다 늦게 시작한 시트로엥을 사람들에게 기억시키기 위해서는 특별한 광고가 필요하다고 생각했어요.

차 위에 코끼리가 올라갔어요!

1922년 앙드레는 시트로엥의 새로운 모델을 몰고 사하라사막의 끝에서 끝까지 통과했어요. 결과는 대성공이었어요. 사람들은 시트로엥의 사하라사막 탐험에 큰 관심을 보였어요.

자신감을 얻은 앙드레는 이번엔 아프리카의 끝에서 끝까지 운전할 탐험대를 모집했어요. 시트로엥은 아프리카 탐험으로도 신기록을 세웠어요.

여기서 끝이 아니에요. 시트로엥 광고 중 가장 유명한 것이 바로 자동차 지붕에 코끼리를 올린 거예요. 1925년 시트로엥은 강철로 만든 시트로엥 B12가 얼마나 튼튼한지 증명하겠다면서, 실제로 자동차 지붕에 코끼리 한 마리를 올리고 파리 시내를 돌아다녔다고 해요.

앙드레는 파리의 에펠탑도 광고판으로 이용했어요. 전구 25만 개를 설치해 에벨탑에 '시트로엥'이라고 쓴 커다란 네온사인을 만든 거예요. '시트로엥'이라는 잡지를 만들어 뿌리기도 했어요. 앙드레의 기발한 아이디어 덕분에 시트로엥은 갈수록 유명해졌어요.

지금은 모든 회사들이 하고 있는 것이 '애프터서비스'예요. 물건을 파는 데서 끝나는 것이 아니라, 문제가 생기면 끝까지 해결을 해주는 거예요. 그런데 아세요? 자동차 최초로 애프터서비스를 해준 것이 바로 시트로엥이랍니다.

1930년이 되자, 꼴찌에서 시작한 시트로엥은 프랑스 최고의 자동차 회사가 되었어요. 푸조와 르노를 모두 제친 거예요. 하지만 앙드레는 여기서 만족하지 않았어요.

세상을 놀라게 할 자동차를 만들겠다며 다시 연구에 들어갔어요.

비행접시를 닮은 '트락숑 아방'

그리고 1934년 '트락숑 아방'이 세상에 태어났어요. 이 차를 본 프랑스 사람들은 '와' 하고 함성을 질렀어요. 몸체가 길고 낮아서 달릴 때면 마치 비행접시가 떠다니는 느낌이었어요. 게다가 빠르고 편안하고 기름도 적게 먹었어요.

사람들은 이 차에 '프랑스 예술품'이라는 별명을 붙여주었어요. 프랑스의 드골 대통령이 즐겨 탔던 자동차도 트락숑 아방이랍니다.

하지만 좋은 일만 있었던 것은 아니에요. 앙드레는 공장을 짓고 연구개발을 하는 데 너무 많은 돈을 써서, 회사의 자금이 바닥나 버렸어요. 결국 시트로엥은 미쉐린 타이어 회사로 넘어갔고, 앙드레는 시름시름 앓다가 젊은 나이에 세상을 떠났어요.

앙드레는 떠났지만 시트로엥은 또 하나의 작품을 만들어냈어요. 두 번째 사장 피에르 블랑제는 프랑스의 도시가 아니라 농촌을 위한 자동차를 만들

1934년 거리를 달리는 트락숑 아방

기로 했어요. 울퉁불퉁한 시골길도 잘 달릴 수 있고, 차의 무게는 가볍고, 실내는 넓고, 게다가 가격이 싸야 한다는 조건에 맞는 차가 드디어 태어났어요. 바로 시트로엥 2CV예요.

2CV는 나오자마자 엄청난 인기를 끌었어요. 편안하면서도 진짜 진짜 예뻤기 때문이에요. 장난감 자동차 같기도 하고 오리 같기도 한 올록볼록한

오리를 닮은 시트로엥 2CV

모습은 딱정벌레 차 '폭스바겐 비틀'과 비교되었어요. 1948년 나온 2CV는 아직도 프랑스 거리를 달리고 있다고 해요.

   시트로엥 자동차는 앙드레라는 젊은이의 꿈과 도전 정신을 가득 담은 채 지금도 열심히 달리고 있어요.

04

자동차를 예술품으로

부가티

창립자	에토레 부가티
창립일	1909년
본 사	프랑스 몰스하임
모회사	리막 그룹

예술가 집안에서 태어난 기술자

세계에서 가장 화려하고 고급스러운 자동차로 부가티를 꼽는 사람들이 많아요. 부가티를 만든 에토레 부가티는 프랑스 사람인데, 1881년 이탈리아 밀라노에서 태어났어요.

에토르는 밀라노 예술학교에 다녔어요. 대대로 예술가 집안에서 태어났기 때문이에요. 에토르의 할아버지 조반니 부가티와 아버지 카를로 부가티, 동생 렘브란트 부가티 모두 조각과 디자인 분야의 예술가들이었어요.

하지만 에토르는 예술에 그다지 관심이 없었어요. 그러다 열네 살이 되었을 때, 아버지의 친구가 만든 세 바퀴 자동차를 봤어요. 에토르는 자신의 꿈이 무엇인지 알게 되었어요.

그때부터 에토레는 기술을 배우기로 해요. 자동차 엔진을 사서 직접 세 바퀴 자동차를 만들었어요. 열일곱 살 때엔 자동차 경주에 나가 3위로 골인했어요. 에토르는 취미로 자동차를 만드는 소년에서 진짜 자동차 기술자가 되었어요.

에토레는 아버지의 작업실 한쪽에 자신이 자동차를 설계하고 부품을 만드는 공간을 만들었어요. 당시 자동차 회사들은 전문회사에서 엔진과 부품을 사 와서 조립해서 팔았어요.

하지만 에토레는 부품 하나하나 전부 자신의 손으로 설계하고 만들었어

운전하고 있는, 젊은 시절의 에토레 부가티

요. 이런 일은 하고 싶다고 되는 것이 아니에요. 에토레는 자동차에 대한 재능을 타고났다고 봐야 해요.

1900년, 에토레는 자신이 만든 자동차를 밀라노 산업박람회에 출품했어요. 이것이 밀라노 시장 대상과 프랑스 자동차 클럽 대상을 받았어요. 에토레는 순식간에 유명해졌어요.

바람처럼 가볍고 빠른 차

이후 에토레는 자동차 선진국인 독일로 건너가 자동차 설계하는 일을 했어요. 하지만 회사와 마음이 맞지 않았어요. 에토레는 예술의 눈으로 자동차를 만들려고 하는데, 회사들은 돈벌이가 급했으니까요.

1909년 에토레는 독립을 결심하고, 부가티 자동차 회사를 세웠어요. 에토레는 자신이 만들고 싶었던 자동차를 만들기 시작했어요.

프랑스 몰스하임에서 탄생한 첫 번째 자동차는 바람처럼 가볍고 빨랐어요. 독일에서 열린 경주에서 상을 받자 신문에 크게 나왔고, 부가티는 젊은 사람들에게 큰 인기를 모았어요.

에토레는 다른 자동차 회사들의 차도 설계했어요. 1차 세계 대전 중에 만

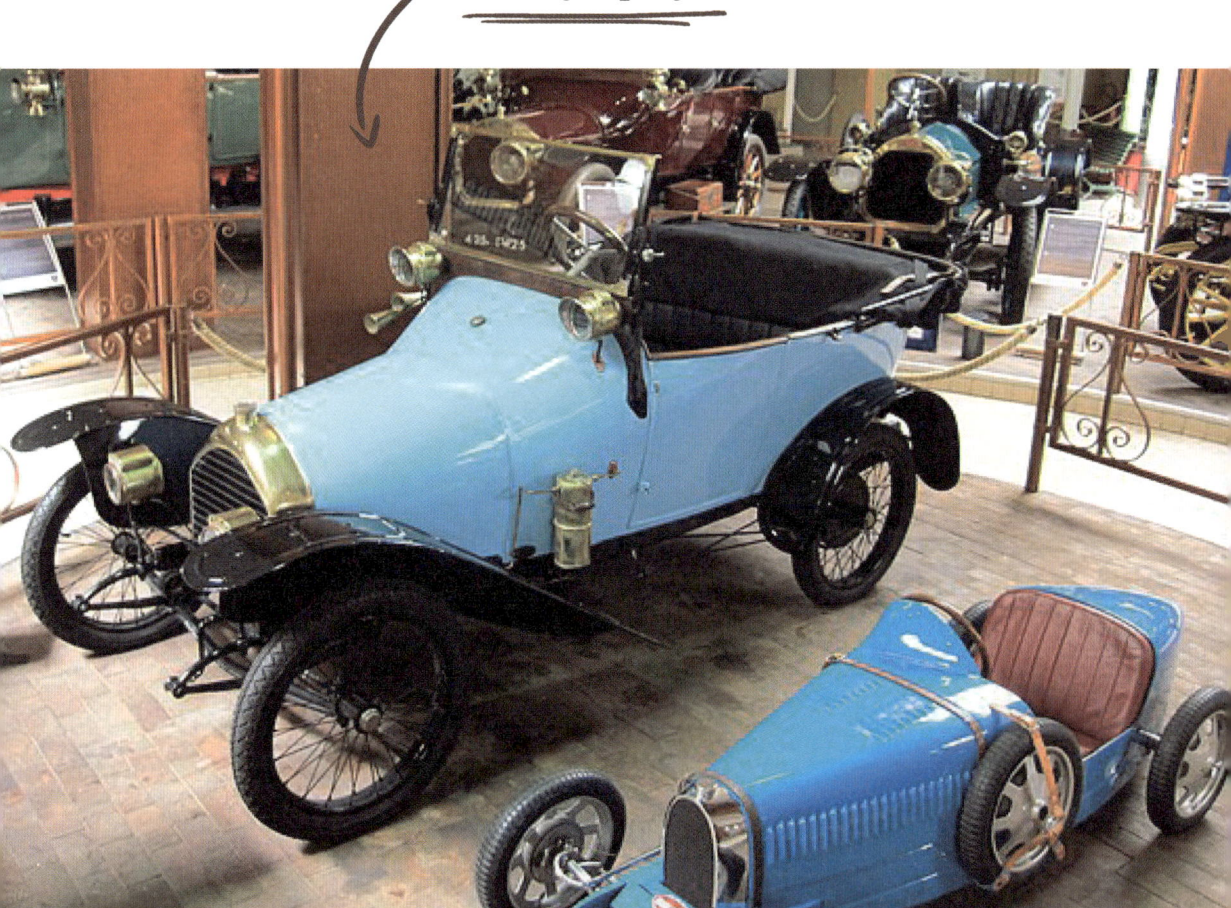

에토레 부가티가 디자인한 푸조 베베와 어린이용 페달 자동차

말발굽 모양의 부가티 라디에이터 그릴

든 '푸조 베베'가 바로 에토레의 작품이에요. 에토레는 동물 중에서도 말을 굉장히 좋아했대요. 부가티의 라디에이터 그릴은 특이한 모양인데, 바로 말발굽에서 아이디어를 얻은 거래요.

부가티도 전쟁을 피해 갈 수는 없었어요. 독일 나치들은 몰스하임 공장을 강제로 빼앗고 독일을 위한 무기를 만들 것을 명령했어요. 에토레는 잠시 몸을 피할 수밖에 없었어요.

전쟁이 끝난 후, 에토레는 몰스하임으로 돌아와 엉망으로 망가진 공장을 단장하고 그동안 설계한 차를 만들기 시작해요.

엔진에도 무늬를 조각한 이유

에토레가 만든 차들은 정말 '예술적'이에요. 대대로 조각가였던 집안의 혈통을 물려받았다는 것을 금세 알 수 있어요. 에토레는 엔진에도 아름답고 우아한 무늬를 조각했어요.

에토레가 만든 스포츠카가 유럽의 모든 경주 대회를 휩쓸었어요. 1926년에는 에토레 최고의 걸작이 만들어져요. 전투기 엔진을 개조해서 만든, 세계에서 가장 큰 리무진 '부가티 로얄'이에요. 로얄이란 왕실을 뜻해요. 이 차들은 정말로 유럽 왕실을 위한 차였어요.

에토레는 늘 멋쟁이로 통했고, 평생 호화스러운 생활을 즐겼어요. 몰스

전투기 엔진을 개조해 만든 부가티 로얄

하임의 거대한 공장 안에 비행장, 경마장, 박물관, 호수, 호텔까지 있었다고 하니 정말 놀랍죠?

하지만 에토레의 인생은 행복하지 않았어요. 아끼던 회사 사람들에게 배신을 당하고 큰아들이 주행 시험을 하다가 일찍 세상을 떠났어요. 1947년 8월, 에토레는 보르도의 집으로 돌아와 조용히 눈을 감았어요. 그리고 부가티 공장이 있는 몰스하임에 묻혔어요.

'철의 예술가'라 불리는 부가티는 자동차가 아닌 예술품을 만든 사람으로 영원히 기억될 거예요.

Chapter 06

미국 편

USA

01

자동차 왕이 만든 자동차 왕국

포드

창립자	헨리 포드
창립일	1903년 6월 16일
본 사	미국 디어본
자회사	링컨 등

장난감보다 고장 난 시계가 좋아요

헨리 포드는 어릴 때부터 남달랐어요. 다른 아이들이 장난감을 가지고 놀 때 헨리는 기계를 가지고 놀았으니까요.

헨리가 열두 살 되던 해, 아버지는 헨리에게 회중시계를 선물했어요. 헨리는 시계를 분해했다가 다시 조립하는 일을 수백 번 반복했어요. 열두 살에 시계 박사가 된 거예요. 온 동네의 고장 난 시계를 고치는 것이 그의 취미이자 특기였대요.

열세 살이 된 헨리는 아버지를 따라 디트로이트시에 가게 되었는데, 그곳에서 난생처음 트랙터를 보았어요. 칙칙 연기를 뿜으며 시내를 달리는 증기 트랙터를 본 순간, 헨리는 마차에서 뛰어내려 달려갔어요.

"아저씨, 이 수레는 말이 끌지도 않는데 어떻게 저절로 달리나요? 아저씨 이걸 돌리면 이쪽으로 가는 거예요? 아저씨, 저건 뭐예요?" 헨리는 운전하는 사람이 귀찮아할 정도로 꼬치꼬치 캐물었어요. 그날부터

젊은 시절의 헨리 포드

＊미시간
디트로이트시가 위치한 미국의 미시간주는 자동차 '빅3'라고 불리는 포드, GM, 크라이슬러의 본거지예요. 그래서 '모터 시티'라는 별명도 갖고 있다고 합니다.

헨리는 시계 박사가 아닌 자동차 박사가 되었어요.

증기 엔진에 대해 궁금한 게 많았던 헨리는 학교 담장 옆에서 증기를 이용한 실험을 하기도 했어요. 그러다 보일러가 터지는 바람에 불이 날 뻔도 했대요.

헨리의 아버지는 농부였어요. 당시에는 아버지가 하는 일을 자식이 이어받는 경우가 많았어요. 하지만 헨리는 농부가 될 생각이 전혀 없었어요. 사람들이 바쁘게 오가고 자동차가 달리는 도시가 좋았기 때문이에요. 열여섯 살이 된 헨리는 고향을 떠나기로 결심했어요.

헨리가 처음 일자리를 얻은 곳은 디트로이트시의 '미시간＊ 차량 회사'였는데, 일주일 만에 회사에서 나와야 했어요. 아무도 고치지 못한 기계를 신입사원인 헨리가 뚝딱 고쳐버린 것이 문제였어요.

자신들의 일자리를 빼앗길까 봐 걱정한 공장장과 직원들이 헨리를 내쫓아 버렸어요. 그 후 헨리는 여러 회사를 다니며 자동차에 필요한 기술을 차근차근 배웠어요.

첫 번째 자동차와 도끼

1896년 여름, 헨리는 자신의 집 한 구석에 만든 작업실에서 밤새 뭔가를 만들고 있었어요. 새벽이 다 되었을 때, 헨리는 첫 번째 자동차를 완성했어요. "야호, 시동이 걸린다! 성공이야, 성공!" 헨리는 너무 기뻐서 폴짝폴짝 뛰었어요.

아, 그런데 문제가 생겼어요. 작업실 문이 작아서 차를 타고 밖으로 나갈 수가 없었던 거예요. 헨리는 도끼를 가져와서 작업실 문과 벽을 부수기 시작했어요.

쾅쾅 하는 소리에 잠에서 깬 가족들이 달려왔지만, 헨리는 빨리 자동차를 타고 싶은 마음에 문을 부수는 일에만 열중했어요. 첫 번째 자동차는 시험 운전에도 성공했어요. 헨리는 이 차를 친구에게 200달러에 팔았어요. 지

헨리 포드와 네 바퀴 자동차

금 이 차는 포드 박물관에 있답니다.

헨리는 자신이 만든 차를 광고하기 위해서는 자동차 경주만큼 좋은 것이 없다고 생각했어요. 1902년 미국의 레이서 영웅이라 불린 '버니 올드필드'가 포드 999 모델을 타고 경주에 나가 우승했어요.

자동차 경주에서 잇따라 우승하자, 포드란 이름은 세상에 널리 알려지게 되었어요. 하지만 이때까지 헨리는 정식으로 자동차 회사를 차리지 않았어요. 1903년이 되어서야 자신의 이름을 딴 포드 자동차 회사를 세워요.

헨리를 기술자로 아는 사람들이 많지만 사실 헨리는 레이서이기도 했어요. 특히 포드 자동차를 광고하는 일에는 몸을 아끼지 않았죠.

1904년 1월에는 새로운 999 모델을 몰고 미시간주의 얼어붙은 호수 위를 달리기도 했어요. 이때 최고 속도가 147킬로미터였다고 하니, 정말 죽지 않은 것이 다행이었어요.

헨리는 '일요일에 레이스에서 우승하고 월요일에 차를 판다'라는 유명한 말을 남기기도 했어요. 그리고 열심히 연구한 끝에 1908년 그 유명한 T형 포드가 세상에 나와요.

전설이 된 T형 포드

T형 포드는 엄청난 인기를 끌며 불티나게 팔렸어요. 포드 공장이 있는

1천 6백만 대가 팔린 전설의 T형 포드

디트로이트시에서는 미국 대통령보다 헨리 포드의 인기가 더 좋았다고 해요.

이렇게 자동차 왕국의 황제가 된 헨리는 1915년 새해를 맞아 엉뚱한 약속을 했어요. "여러분 만약 올해에 T형 포드가 30만 대 이상 팔린다면, 올해 T형 포드를 산 모든 사람들에게 현금 50만 달러씩을 주겠습니다!"

사람들은 깜짝 놀랐어요. 30만 대가 팔린다면 30만 명에게 50달러씩 주어야 하니, 1,500만 달러라는 엄청난 돈이 필요했던 거예요.

헨리는 약속을 지켰을까요? 아니, T형 포드는 30만 대가 팔렸을까요? 1915년 한 해 동안 30만 8천 대가 판매되었어요. 그리고 헨리는 자신의 약속을 지켰어요. 그것도 기분 좋게 말이에요.

1928년 A형 포드가 나올 때까지, T형 포드는 1천 6백만 대를 파는 신기록을 세웠어요. 당시 미국에는 이런 농담이 있었대요. '그 누구도 T형 포드

1910년대 포드 디트로이트 공장의 교대 근무 모습

포드 자동차가 조립되는 모습

를 앞지를 수 없다. 그 앞에 또 다른 T형 포드가 있기 때문이다.'

넓은 미국 땅에서 살려면 자동차는 필수품이에요. 하지만 T형 포드가 나오기 전까지 자동차는 부자들만 가질 수 있는 사치품이었어요. 보통 자동차 한 대의 가격이 2천 달러 정도였기 때문에, 일반 사람들은 자동차를 살 엄두를 내지 못했어요.

그렇다면 T형 포드가 처음 나왔을 때 자동차 가격은 얼마였을까요? 다른 자동차의 절반도 되지 않는 825달러였어요. 이렇게 값싼 자동차를 만들 수 있었던 것은 대량생산이 가능했기 때문이에요.

1913년, 포드는 많은 자동차를 빨리 만들 수 있는 '컨베이어식 조립 시스템'을 개발해요. 컨베이어를 따라 자동차 부품들이 하나하나 조립되면서 마지막에 자동차가 완성되는 거예요.

T형 포드의 가격은 점점 더 내려갔어요. 1924년에는 290달러까지 내려갔다고 해요. 오늘날 헨리 포드를 자동차 왕이라고 부르는 이유가 바로 이거예요.

02

프랑스인이 만든 가장 미국적인 차

쉐보레

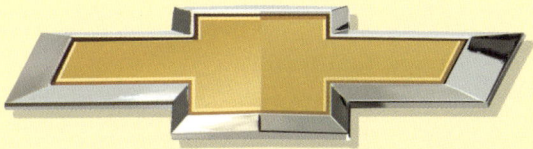

창립자	루이 쉐보레, 윌리엄 듀란트 등
창립일	1911년 11월 3일
본 사	미국 디트로이트
모회사	GM 그룹

기계밖에 몰랐던 소년 루이

쉐보레 자동차는 '루이 쉐보레'라는 설계자의 이름에서 따온 거예요. 그런데 쉐보레 자동차를 세상에 태어나게 한 루이는 가난하게 살다가 쓸쓸하게 죽음을 맞이했다고 해요. 어떻게 된 일일까요?

루이 쉐보레는 1878년 스위스에서 태어났어요. 부모님은 프랑스 사람으로 시계 만드는 일을 했어요. 루이는 열 살 때 부모님의 고향인 프랑스 본으로 돌아왔어요. 본은 포도주의 도시였어요. 손재주가 좋았던 루이는 열두 살 때 포도주 펌프를 개발하기도 했어요.

청소년 시절의 루이 쉐보레

루이는 학교 공부에는 관심이 없었어요. 오로지 기계가 어떻게 움직이는지 생각하고, 기계를 고치는 일에만 흥미가 있었죠. 초등학교를 졸업하자마자, 루이는 자전거 수리공으로 일했어요.

이때부터 루이의 관심은 온통 자전거뿐이었어요. 열여섯 살 때 처음으로 자전거 경주에 나갔어요. 그로부터 3년 동안 28개의 상을 휩쓸었대요.

루이는 경주용 자전거를 직접 설계해 큰돈도 벌었어요. 하지만 루이의 꿈은 거기서 멈추지 않았어요. 이번엔 자동차에 흥미가 생겼던 거예요. 루이는 고향을 떠나 자동차 공장에 취직했어요.

자동차를 알면 알수록, 루이는 프랑스를 떠나 미국으로 가야겠다고 생각했어요. 미국에 가서 자동차를 제대로 배우고 싶었던 거예요. 하지만 미국으로 가는 것이 생각만큼 쉽지 않았어요. 루이는 일단 캐나다로 간 다음 미국으로 가는 길을 선택해요. 어렵게 미국으로 간 루이는 자동차 수리공으로 일했어요.

당시 미국 사람들은 자동차 경주에 푹 빠져 있었어요. 특히 미국 출신의 레이서 '바니 올드필드'에 열광했죠. 루이는 자신도 자동차 경주에 나가려고 차근차근 준비를 시작했어요.

미국의 영웅을 이겼다!

1905년 5월, 루이는 피아트를 몰고 처음 출전한 자동차 경주에서 당당히 1등을 했어요. 그것도 미국의 영웅인 바니 올드필드를 이기고서 말이에요. 하루아침에 루이는 유명인이 되었어요. 그 후 경주에서 연이어 우승하면서, 루이는 스타가 되었어요.

1915년경 미국의 자동차 영웅, 바니 올드필드

1906년 루이는 뷰익 자동차 레이스팀에 들어갔는데, 여기서 특별한 사람을 만나게 돼요. 뷰익의 사장이면서 나중에 GM 회사를 세운 윌리엄 듀런트예요. 루이는 뷰익 자동차 회사에서 자동차를 설계하며, 언젠가 자신의 회사를 차리겠다는 꿈을 키워요.

1911년 윌리엄 듀런트는 루이에게 달콤한 제안을 해요. 뷰익 자동차를 나가서 루이를 위한 회사를 차리자는 거예요. 루이는 자신의 꿈이 이루어졌다고 생각했어요. 쉐보레 자동차 회사가 만들어졌거든요.

그런데 일이 이상하게 돌아갔어요. 분명 루이 쉐보레의 이름을 딴 회사였지만, 루이에게는 별로 권한이 없었어요. 모든 결정은 듀런트가 했고 돈도 듀런트가 갖고 가는 식이었어요.

    루이는 사업 같은 것을 할 줄 모르는 기술자였어요. 그저 열심히 자동차만 만들 뿐이었죠. 쉐보레 자동차는 미국 사람들에게 큰 인기를 모았어요. 대량생산을 하는 포드 자동차는 여러 종류의 차를 만들기 어려워요. 반면 쉐보레는 다양한 자동차를 선보였기 때문이에요.

뷰익자동차 레이싱팀에서 활약한 루이 쉐보레

하지만 시간이 갈수록 루이와 듀런트의 사이가 벌어졌어요. 두 사람은 성격도 달랐고 자동차에 대한 생각도 달랐어요. 허영심이 가득했던 듀런트와 서민적인 기술자였던 루이는 애초에 같이 갈 수 없는 사람들이었어요.

듀런트는 늘 양복을 입고 고급 식당에서 식사를 하고 비싼 저택에서 살았어요. 반대로 루이는 아무 곳에서나 자고 먹었으며 일년 내내 작업복을 걸치고 살았어요.

결국 루이는 1913년 쉐보레 자동차와 이별했어요. 이때 루이는 큰 실수를 해요. 자기가 갖고 있던 쉐보레 자동차의 주식을 모두 헐값에 팔아버린 거예요. 2년쯤 지난 후 쉐보레 자동차 주식의 가치는 몇 배로 뛰었어요.

1917년 쉐보레 자동차 공장

루이의 마지막 황금기

쉐보레 자동차를 떠난 후, 루이의 생활은 점점 어려워졌어요. 자신의 자동차 회사를 차리고 스포츠카를 만들었지만, 애초에 장사나 사업에 재능이 없었던 루이는 금세 망해버렸어요. 결국 다시 자동차 회사에 직원으로 들어가야 했죠.

그러다가 루이의 인생에 잠깐 황금기가 찾아와요. 1920년 미국 최고의 자동차 경주라 불리는 '인디애나폴리스 500'에서 동생 '개스톤 쉐보레'가 우승을 한 거예요. 루이가 설계한 차를 타고 말이죠. 루이가 평생 꿈꾸던 일이 이루어졌어요.

하지만 다시 불행이 찾아와요. 동생 개스톤이 인디애나폴리스 500에서 우승한 그해에 자동차 사고로 세상을 떠난 거예요. 루이는 자기 때문에 동생이 죽었다며 슬퍼했어요. 그리고 다시는 자동차를 만들지 않겠다고 다짐했어요.

그 후 루이는 쉐보레 비행기 회사를 세우고 비행기 엔진을 만들었어요. 비행기 사업은 잘됐지만, 이번에도 돈을 투자한 사람들이 루이에게서 회사를 빼앗아버렸어요.

루이는 평생 남에게 돈만 벌어주었지, 자신은 돈을 만져보지도 못했고 부자로 살지도 못했어요. 1941년 건강이 나빠진 63세의 루이는 조용히 눈

개스톤 쉐보레는 형이 디자인한 먼로 자동차를 타고 경주에서 우승했어요.

을 감아요. 루이의 마지막 말은 자신을 인디애나폴리스 500 경기장이 보이는 곳에 묻어달라는 것이었어요.

　루이 쉐보레가 없는 쉐보레 자동차는 지금도 변함없이 미국 GM에서 만들어지고 있어요. 오늘날 쉐보레는 미국을 상징하는 자동차가 되었답니다.

03

세상의 모든 자동차를 탐내다!

GM 제너럴 모터스

창립자	윌리엄 듀런트 등
창립일	1908년 9월 16일
본 사	미국 디트로이트
자회사	쉐보레, 캐딜락 등

자동차를 만든다고? 난 자동차 회사를 살 거야!

앞에서도 잠깐 나왔지만, GM(제너럴 모터스)이란 회사를 처음 세운 사람은 윌리엄 듀런트예요. GM은 자동차 이름이라기보다는 여러 상표의 자동차를 만드는 자동차 그룹이라고 하는 편이 맞아요.

윌리엄 듀런트는 부잣집에서 태어났어요. 부모님들은 공부를 하기 원했지만 그는 공부보다 돈벌이에 관심이 많았어요. 그쪽으로 재능도 뛰어났고요. 듀런트는 중학교를 졸업하자마자 보험회사에 취직했고, 스물다섯 살 때는 마차 공장을 차렸어요.

듀런트는 앞으로의 세상은 자동차가 지배할 것이란 사실을 꿰뚫고 있었어요. 자기가 만드는 마차의 시대는 곧 끝날 것이란 것도 정확히 알고 있었죠. 하지만 듀런트에게는 자동차를 만들 능력이 없었어요.

듀런트는 이렇게 생각했어요. "뭐 힘들게 자동차를 만들 필요는 없지. 자동차 회사에 돈을 빌려주고 나중에 그 회사를 차지하면 되는 거야!"

듀런트는 자동차를 개발해놓고도 돈이 없어 자동차를 만들지 못하는 회사를 찾아보았어요. 그때 듀런트의 눈에 뷰익 자동차가 딱 들어온 거예요. 1904년 듀런트는 아주 쉽게 뷰익 자동차를 손에 넣었어요.

그리고 같은 방법으로 회사를 키워나갔어요. 우선 뉴욕에 GM이라는 자동차 그룹을 만들었어요. 그리고 올즈모빌, 캐딜락 등 미국의 자동차 회사

들을 사들였어요.

그런데 듀런트가 오래전부터 꼭 사고 싶었던 회사가 있었어요. 미국 최대의 자동차 회사인 포드였죠. 하지만 포드는 결코 듀런트에게 넘어가지 않았어요.

듀런트의 끝없는 욕심이 키운 GM

그렇다면 듀런트는 GM을 잘 키웠을까요? 문제는 듀런트에게 회사를 경영할 능력도 없었다는 거예요. 자동차 회사들을 마구 사들였지만, 몇 개 자

디트로이트시에 있는 GM 본부 건물

GM이 만든 콘셉트카 2020 파이어버드

동차를 제외하고는 경영을 제대로 하지 못했어요. 결국 듀런트는 GM에서 쫓겨났어요.

하지만 여기서 포기할 듀런트가 아니었어요. 이번엔 루이 쉐보레를 끌어들여 쉐보레 자동차 회사를 세워요. 루이의 능력 덕분에 쉐보레 자동차는 나오자마자 대단한 인기를 모았어요.

듀런트는 쉐보레 자동차로 번 돈으로 GM의 주식을 사들였어요. 자신이 다시 GM의 주인이 되려고 한 거예요. 듀런트는 그 후에도 닥치는 대로 회사들을 사들이다가, 결국 완전히 망하고 말았어요.

부잣집 아들로 태어난 듀런트는 결국 빈털터리로 인생을 끝냈어요. 하지만 듀런트의 그칠 줄 모르는 욕심 덕분에 오늘날의 거대한 자동차 그룹 GM이 만들어졌는지도 모르겠네요.

마지막으로, GM의 역사를 말하면서 우리가 꼭 기억해야 할 이름이 있어요. 바로 알프레도 슬론이에요. 33년 동안 GM을 이끌면서 GM을 세계 최대의 자동차 회사로 성장시킨 주인공이에요.

GM과 포드 자동차는 여러 가지로 서로 비교되었어요. 포드 자동차는 T형 포드 하나에 집중했고, GM은 여러 종류의 자동차를 만들었어요. 게다가 GM은 몇 년에 한 번씩 모델을 바꿔서 계속 새로운 차를 만들어냈어요. 포드와 GM의 대결에서 이긴 쪽은 GM이었어요.

여러 가지 모델과 여러 가지 가격대의 자동차를 내놓은 GM이 포드를 이기고 1930년대 자동차 시장을 지배했답니다.

04

미국 대통령의 자동차

캐딜락

창립자	헨리 릴랜드
창립일	1902년 8월 22일
본사	미국 디트로이트
모회사	GM 그룹

부속품을 서로 바꿔 끼워도 되는 차

캐딜락 자동차 회사를 세운 사람은 헨리 릴랜드예요. 헨리는 미국 버몬트에서 태어났어요. 헨리의 아버지는 영국에서 미국으로 이민을 와서 가축을 사고파는 일을 했어요.

헨리 릴랜드는 열두 살 때부터 기술을 배우기 시작해서 스물네 살 때는 자신의 회사를 차려 큰돈을 벌었어요. 기계에 재능이 있었던 그는 미국 남북전쟁 때 총을 만들었고, 그 후엔 이발용 기계를 만들었어요.

헨리 릴랜드는 자동차에도 관심이 많아서 자동차 부품을 만드는 작은 공장을 차렸어요. 열심히 노력한 끝에 자동차 엔진을 만드는 데도 성공했죠. 문제는 어떤 자동차 회사도 헨리가 만든 엔진을 사주지 않았다는 거예요.

헨리 릴랜드는 '내가 직접 자동차를 만들어야겠다'라고 생각했어요. 그의 꿈은 부속품을 서로 바꿔 끼워도 되는 자동차였죠. 부속품은 당연히 바꿔 끼는 것 아니냐고 생각할 수 있어요. 하지만 예전에는 기술자들이 자동

캐딜락 자동차 회사를 세운 헨리 릴랜드

차 부품을 손으로 깎아서 만들었어요. 같은 자동차라도 부품의 모양이 조금씩 다를 수밖에 없어요. 지금이야 자동차가 고장 나면 고장 난 부품을 갈아 끼우면 그만이지만, 그때는 이런 일이 불가능했던 거예요.

1902년 헨리 릴랜드는 헨리 포드가 세운 디트로이트 자동차 회사가 어렵다는 소식을 들었어요. 그는 이 회사를 사들여 자신의 꿈을 이루기로 했어요. 헨리 릴랜드는 새로운 회사의 이름을 뭐로 해야 할지 고민했어요. 다른 자동차들처럼 자신의 이름을 붙이고 싶지는 않았어요.

며칠을 곰곰이 생각한 끝에 디트로이트란 도시를 발견한 프랑스 탐험가의 이름을 떠올렸어요. 바로 '앙투안 모스 카디야'예요. 프랑스어인 '카디야'를 영어식으로 발음해서 '캐딜락'이 된 거예요. 캐딜락의 엠블럼도 카디야 가문의 것이라고 해요.

분해 쇼로 자동차의 노벨상을 받다

헨리 릴랜드는 총 만드는 일을 한 적이 있어요. 총은 자동차 이상으로 꼼꼼하고 정확해야 해요. 헨리는 천분의 1, 만분의 1의 오차도 잡아낼 만큼 꼼꼼했어요.

완벽주의자인 헨리 릴랜드에 의해 만들어진 첫 번째 캐딜락 자동차는 A 모델이었어요. 1902년 뉴욕의 모터쇼에 시속 48킬로미터의 2인승 자동차인

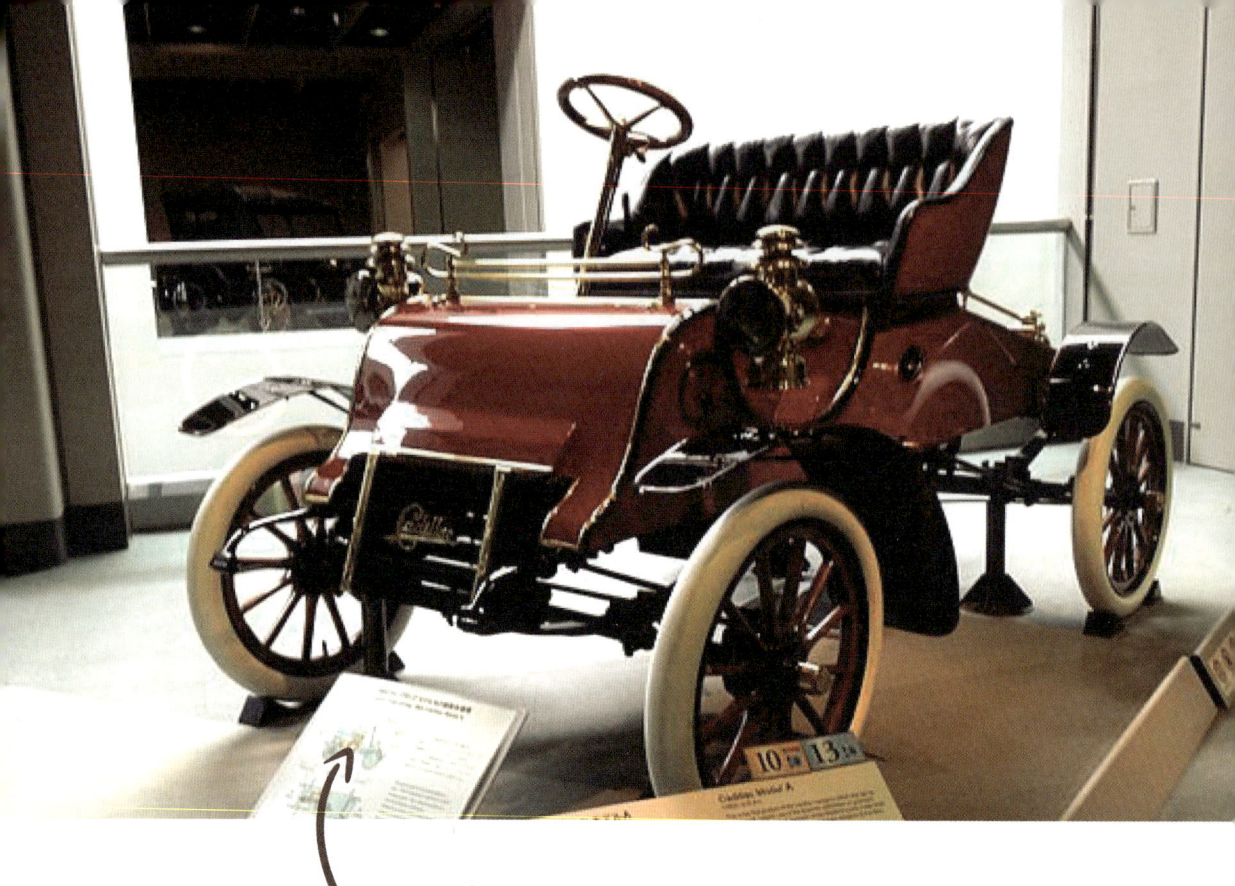

캐딜락의 첫 번째 자동차, A모델

A모델이 나왔을 때 사람들은 감탄했어요. 일주일 만에 1년 동안 만들 수 있는 자동차를 팔아치웠어요.

미국에서는 이렇게 캐딜락의 인기가 높았지만, 이상하게 영국에서는 팔리지 않았어요. 잘난척하는 영국 귀족들이 캐딜락을 우습게 생각했기 때문이에요. 영국에서 캐딜락 자동차를 팔던 프레드릭 베넷은 어떻게 캐딜락을 팔아야 할지 고민이었어요.

베넷은 캐딜락이 얼마나 정교하게 만들어졌는지 눈으로 보여주기로 했어요. 1908년 바네트는 황실 자동차 클럽 회원들 앞에서 캐딜락 3대를 완전히 분해했어요. 자동차 3대의 부품들을 서로 뒤섞은 후, 다시 3대를 원래의 모습으로 조립했어요.

황실 자동차 클럽 회원들의 눈에 베넷의 행동은 정말 위험했어요. 같은 자동차라도 부품의 모양이 다 다른데, 그것을 뒤섞어 버렸으니 보통 문제가 아니었던 거예요.

하지만 베넷이 다시 조립한 3대의 캐딜락 모두 800킬로미터를 쉬지 않고 달리는 동안 아무런 문제도 없었어요. 정밀 검사에서도 이상은 발견되지 않았어요. 만약 다른 차를 이렇게 했다면 바로 폐차장으로 가야 했을 거예요.

이 시험 하나로 캐딜락은 영국 상류층 사이에서 유명해졌어요. 캐딜락은 영국 황실이 주는 드와 트로피까지 받았죠. 드와 트로피는 영국에서 자동차의 노벨상처럼 여겨지는 상이에요.

하늘엔 '에어포스 원', 땅엔 '더 캐딜락 원'

하지만 캐딜락의 영광은 오래가지 못했어요. 자동차 회사들을 무섭게 사들이고 있던 큰손 GM으로 넘어가고 말았어요. 1920년대 미국에서는 포드, 크라이슬러, GM이 최고의 자동차 자리를 놓고 싸우고 있었어요. GM은 GM을 대표할 최고급 자동차로 캐딜락을 점찍었던 거예요.

길고 낮은 몸체가 특징인 캐딜락 엘도라도

캐딜락은 최초로 히터와 에어컨을 단 자동차예요. 캐딜락의 모델 중에 엘도라도는 긴 꼬리날개와 길고 낮은 몸체, 분홍 색깔로 유명했어요. 또 캐딜락 V16은 세계 최초의 16기통 승용차예요. 매끄러운 몸체와 상상을 초월하는 힘이 V16의 자랑이죠.

캐딜락은 미국 대통령들의 공식 자동차로도 유명해요. 그 전엔 링컨 등 여러 자동차들을 이용했지만, 1982년 레이건 대통령부터 부시, 클린턴, 오바마, 트럼프, 바이든 대통령이 모두 캐딜락을 이용하고 있어요.

혹시 미국 대통령이 타는 비행기를 '에어포스 원'이라고 한다는 얘기 들어보았나요? 비행기에 빗대서 캐딜락이 만든 미국 대통령 공식 자동차를

'더 캐딜락 원'이라고 불러요.

물론 대통령을 위해 별도로 만들어진 방탄차예요. 길이는 5미터가 넘고 무게는 9톤인 '더 캐딜락 원'은 '비스트(야수라는 뜻)'라는 별명을 갖고 있어요.

미국의 가수 '엘비스 프레슬리', 영화 '대부'에 나오는 이탈리아의 마피아 '알 카포네'도 캐딜락을 무척 좋아했다고 해요. 웅장하면서 우아하고, 강하면서 아름다운 캐딜락의 매력은 지금도 여전히 빛나고 있어요.

05 평범을 거부하는 불사조!

크라이슬러

CHRYSLER

창립자	월터 크라이슬러
창립일	1925년 6월 6일
본 사	미국 오번 힐스
모회사	스텔란티스

월터 크라이슬러와 삼총사

1919년 어느 날, 한 남자가 GM 회장실 문을 박차고 나왔어요. GM 그룹에 소속된 뷰익 자동차의 사장, 월터 크라이슬러였어요. 월터는 평소에 GM 회장인 윌리엄 듀런트에 대해 불만이 많았어요.

앞에서도 나왔지만, 윌리엄 듀런트는 허영심으로 똘똘 뭉친 장사꾼이었어요. 좋은 자동차보다는 돈을 더 좋아했어요. 기술자 출신인 월터와 잘 맞을 수가 없었죠.

게다가 듀런트는 자동차 회사들을 마구 사들여서 회사의 덩치를 키우는 데만 관심이 있었어요. 월터 크라이슬러는 윌리엄 듀런트 회장 앞에 사표를 던졌어요.

월터가 GM 그룹에서 나오자 여기저기서 자기네 회사로 오라고 손짓했어요. 월터의 능력은 자동차 업계에서 유명했기 때문이에요. 하지만 월터는 그 어떤 회사에도 가지 않았어요. 자동차를 잘 모르는 사람과 일하는 것이 지긋지긋했기 때문이에요. 그는 자신의 자동차 회사를 세울 생각이었어요.

월터에게는 든든한 동지들이 있어서 좋은 자동차를 만들 자신이 있었어요. 월터는 세 명의 동지들을 삼총사라고 불렀어요. 뛰어난 기술자였던 프레드 제더, 오웬 스켈턴, 칼 브리어를 말해요.

삼총사는 새로운 회사를 준비하고 있던 월터에게 선물을 해주고 싶었

1937년 백악관에서 루즈벨트 대통령과 만나고 나오는 월터 크라이슬러예요.

요. 프레드와 친구들은 버려진 공장에서 새로운 엔진을 개발 중이었어요. 1923년 9월, 프레드는 월터를 공장에 데려갔어요. 프레드가 만든 6기통 엔진을 본 순간 월터는 기쁨의 눈물을 흘렸어요.

그때 월터는 GM을 그만두고 망해가는 자동차 회사를 사들여서 살리는 일을 하고 있었어요. 당시 맥스웰 자동차 회사를 운영하고 있었죠. 1925년 월터는 맥스웰 자동차 회사의 이름을 크라이슬러로 바꾸었어요.

크라이슬러 회사의 첫 번째 자동차는 '식스(6이라는 뜻)'예요. 6기통 엔진이었기 때문이죠. 크라이슬러 식스는 가격도 싸면서 성능이 좋았기 때문에 날개 돋친 듯 팔렸어요. 첫해에만 3만 2천 대가 팔렸다고 하니 처음부터 엄청난 성공을 한 거예요.

공기 저항을 뚫는 자동차

1928년 삼총사 중 한 명인 칼 브리어는 하늘을 날아가는 비행기를 보고 이런 생각을 했어요. '비행기를 닮은 자동차를 만들 수는 없을까?' 비행기가

크라이슬러의 첫 번째 자동차, 6기통 엔진의 식스

빨리 날 수 있는 것은 공기를 뚫고 날 수 있는 특별한 디자인 덕분이에요.

자동차든 비행기든 사람이든, 앞으로 나아가기 위해서는 공기라는 보이지 않는 커튼을 뚫어야 해요. 우리를 막아서는 공기의 힘을 '공기 저항'이라고 해요. 공기 저항이 클수록 속도는 느려지고, 공기 저항이 적을수록 속도는 빨라질 거예요.

그런데 동그란 공이 공기를 뚫기 쉬울까요, 네모난 상자가 공기를 뚫기 쉬울까요? 당연히 동그란 쪽이에요.

칼 브리어는 공기 저항이 적은 자동차를 만들기 위해 연구에 들어갔어요. 그때까지만 해도 자동차들은 모두 네모난 상자 모양이었어요. 당연히 공기 저항 때문에 마음껏 속도를 낼 수 없었어요.

그로부터 6년 후, 칼 브리어는 괴상한 자동차 한 대를 완성했어요. 바로 에어플로우(Airflow)였어요. 에어플로우란 '공기의 흐름(기류)'이란 뜻이에요. 부드럽고 매끈한 곡선형 디자인, 폭포가 쏟아지는 것 같은 라디에이터 그릴 디자인에 모두들 깜짝 놀랐어요.

"자동차가 뭐 이렇게 생겼어?"라는 이야기부터 "자동차 발명 후 가장 멋진 차!"라는 칭찬까지 듣게 되었죠. 월터 크라이슬러는 칼 브리어의 작품에 매우 만족했어요. 그리고 에어플로우를 사람들에게 널리 알리기 위해 특별한 행사를 준비했어요.

공기 저항을 최소화한 디자인의 크라이슬러 에어플로우

절벽에서 에어플로우를 굴려라!

높이 33미터의 절벽에서 에어플로우를 굴리겠다는 계획이었어요. 이 소식이 전해지자 자동차에 관심 있는 사람들과 신문기자들이 몰려왔어요. 만약 절벽에서 굴러떨어졌는데도 이상이 없다면, 이보다 큰 광고는 없을 거예요.

결과는 어땠을까요? 절벽에서 곤두박질친 에어플로우는 부서진 곳이 없었어요. 게다가 시동도 잘 걸렸어요. 절벽 아래로 떨어진 크라이슬러가 달리기 시작하자, 행사를 지켜보던 사람들은 모두 함성을 질렀어요. 크라이슬러가 만든 에어플로우가 대단하다는 소문이 퍼져나갔고 주문이 밀려들었어요.

하지만 크라이슬러 공장에서는 그렇게 많은 자동차를 만들 수 없었어요. 괴상한 차를 만들기 위해서는 특별한 기술이 필요했고 시간도 오래 걸렸어요. 게다가 불량이 많이 생겼어요.

결국 고객에게 약속한 날짜에 자동차를 보내주지 못하게 되었어요. 때마침 경제 대공황으로 큰 자동차를 사려는 사람들도 크게 줄었고요. 결국 에어플로우는 엄청난 손해를 보고 세상에 나온 지 3년 만에 사라지고 말았답니다.

에어플로우는 실패했지만, 크라이슬러는 자동차 기술을 대표하는 이름이에요. 자동차 특허를 75개나 갖고 있는 것을 보면 알 수 있어요. 하지만 1950년대 이후 크라이슬러는 내리막길을 걸었어요. 기름값이 오르자 사람들이 큰 차를 사지 않았기 때문이에요.

아이아코카의 위대한 도전

1978년 크라이슬러가 망해갈 무렵, 리 아이아코카라는 영웅이 나타났어요. 오랫동안 포드 자동차 회사에서 일하며 머스탱 자동차 등을 만든 사람이에요. 아이아코카는 너무 똑똑하다는 이유로 사장 자리에서 쫓겨났어요.

크라이슬러를 다시 일으켜 세운 소형차 K카

 포드를 세운 헨리 포드의 아들이 그를 내쫓은 거예요.
 아이아코카는 크라이슬러 자동차를 일으켜 세워 포드 자동차에 보기 좋게 복수하고 싶었어요. 그는 1년에 단돈 1달러의 봉급만 받겠다고 선언해요. 그리고 열심히 노력해 크라이슬러를 다시 제자리에 돌려놓았어요.
 아이아코카가 만든 작품이 바로 소형차인 K카예요. K카는 상자를 쌓아놓은 듯한 납작한 모습이었어요. 아름답다고는 할 수 없지만, 16리터의 기름을 넣으면 100킬로미터를 갈 수 있는 굉장한 차예요.

아이아코카는 K카를 더 많이 팔기 위해 5년 동안 자동차 수리를 공짜로 해주겠다고 고객에게 약속했어요. 미국 사람들은 미국이 만든 소형차라는 데에 박수를 보냈어요. 싸고 튼튼하고 기름을 적게 먹는 차는 인기가 좋을 수밖에 없었죠. 이후 K카는 무섭게 팔려나갔어요.

아이아코카가 약속한 대로, 크라이슬러는 5년이 안 되어 불사조처럼 다시 일어났답니다.

알면 힘이 되는 상식 ❹

그 밖의 명차 이야기

★ 마이바흐 ★

가솔린 엔진 자동차를 동시 발명한 빌헤름 마이바흐에서 시작된 자동차예요. 1919년부터 1941년까지 소량만 생산되다가 2차 대전 등의 이유로 단종되었고, 60년이 흐른 2000년대 들어 화려하게 부활했어요. 마이바흐는 그야말로 손으로 한 땀 한 땀 만드는 수제 자동차예요. 옵션이 너무 많아서 똑같은 마이바흐는 존재하지 않는다는 이야기가 나올 정도죠. 전 세계의 최고 부자와 연예인들이 타는 자동차로 알려져 있어요.

★ 마세라티 ★

이탈리아 마세라티 가문의 5형제가 만든 스포츠카 전문 회사로 삼지창 모양의 엠블럼이 유명해요. 페라리, 람보르기니와 함께 이탈리아 3대 명차로 꼽힌답니다. 마세라티는 고급 자동차이지만 특별히 터프한 운전을 좋아하는 사람들에게 인기가 많아요. 스포츠카 특유의 날렵한 운전 감각과 가슴을 뛰게 하는 강렬한 엔진 소리 때문이에요.

★ 링컨 ★

캐딜락과 링컨, 두 개의 자동차 회사는 한 사람이 만들었어요. 바로 헨리 릴랜드예요. GM의 고급 자동차인 캐딜락을 부러워했던 포드 회사는 헨리 릴랜드에게 자기 회사를 위한 고급 자동차를 만들어달라고 부탁했어요. 그래서 만들어진 것이 미국을 대표하는 최고의 럭셔리 카, 링컨이에요. 헨리 릴랜드는 자신이 가장 존경하는 인물인 링컨 대통령의 이름을 따서 회사 이름을 지었다고 합니다.

이미지 저작권

Chapter 01
15p	페이턴트 모터바겐	CC-BY-SA-3.0 ⓒRaymond
17p	마이바흐 & 다임러	Public Domain
19p	벤츠의 불타는 지옥 시험	Public Domain
23p	호르히 박사(좌)	Public Domain
23p	호르히 박사(우)	CC-BY-SA-3.0 ⓒBundesarchiv Bild
24p	아우디 C형	CC-BY-SA-2.5 ⓒMatěj Baťha
25p	아우디 콰트로	CC-BY-2.0 ⓒCharles
27p	BMW 빌딩	CC-BY-SA-3.0 ⓒBenutzer:Fantasy
29p	라디에이터 그릴	Public Domain
30p	BMW 700	CC-BY-SA-3.0 ⓒFORTEPAN/Erky-Nagy Tibor
34p	히틀러와 포르쉐 박사	Public Domain
35p	폭스바겐 공장 준공식	CC-BY-SA-4.0 ⓒUnknown
36p	폭스바겐 비틀	CC-BY-2.0 ⓒTobias Nordhausen
38p	아우토반	Flicker ⓒHet Nieuwe Instituut
41p	포르쉐 박사	Public Domain
42p	로너 포르쉐	Public Domain
43p	포르쉐 911 모델	CC-BY-SA-3.0 ⓒThesupermat

Chapter 02
49p	엔초 페라리	Public Domain
51p	펠리체 나자로	Public Domain
53p	스쿠데리아 페라리	Public Domain
54p	엔초 페라리	Public Domain
55p	페라리 166	Public Domain
56p	페라리 F40	CC-BY-SA-2.0 ⓒWill ainsworth
58p	페루치오 람보르기니	CC-BY-SA-2.0 ⓒKys96811
59p	트랙터 F40	CC-BY-SA-4.0 ⓒSantamaria34
61p	페루치오 람보르기니	Public Domain
62p	람보르기니 350GT	CC-BY-SA-4.0 ⓒMichael Barera
63p	람보르기니 쿤타치	CC-BY-SA-4.0 ⓒMrWalkr

	66p	피아트 탱크	Public Domain
	67p	피아트 링고토 공장	Public Domain
	68p	피아트 전투기	Public Domain
Chapter 03	74p	가브리엘손 & 라손	Public Domain
	75p	바닷가재	CC-BY-SA-4.0 ⓒJeanne Menjoulet
	80p	사브 공장	Public Domain
	80p	사브 전투기 그리펜	CC-BY-SA-2.0 ⓒMilan Nykodym
	81p	사브 900	CC-BY-2.0 ⓒdave_7
Chapter 04	88p	롤스 & 로이스	Public Domain
	90p	찰스 롤스	Public Domain
	92p	전투기 호커 허리케인	ⓒOpen Government Licence
	93p	롤스로이스 실버 고스트	CC-BY-SA-4.0 ⓒCalreyn88
	94p	롤스로이스 팬텀	Public Domain
	97p	월터 오웬 벤틀리	Public Domain
	98p	벤틀리 6.6리터	Public Domain
	99p	벤틀리 날개	CC-BY-2.0 ⓒSimon Harriyott
	100p	1930년형 벤틀리	CC-BY-2.0 ⓒAnton van Luijk
	103p	정글의 재규어	CC-BY-SA-2.0 ⓒBernard DUPONT
	104p	윌리엄 라이언스경	Public Domain
	105p	재규어 엠블럼	CC-BY-SA-4.0 ⓒmattbuck
	106p	재규어 E형	CC-BY-SA-4.0 ⓒDeFacto
Chapter 05	112p	아르망 푸조	Public Domain
	112p	세르폴레 푸조	CC-BY-SA-3.0 ⓒRoby
	113p	푸조 205	CC-BY-2.0 ⓒDennis Elzinga
	114p	푸조 엠블럼	CC-BY-SA-4.0 ⓒA.BourgeoisP
	116p	브와뜨레	Public Domain
	117p	르노 3형제	Public Domain
	119p	르노 탱크	Public Domain
	121p	앙드레 시트로엥	Public Domain
	123p	시트로엥 A형	CC-BY-SA-4.0 ⓒHanengerda

	125p 코끼리 광고	ⓒ애드포럼
	125p 에펠탑 광고	Public Domain
	127p 트락숑 아방	Public Domain
	128p 시트로엥 2CV	CC-BY-SA-3.0 ⓒSjoerd95
	131p 에토레 부가티	Public Domain
	132p 푸조 베베	CC-BY-SA-3.0 ⓒCharles01
	133p 라디에이터 그릴	CC-BY-SA-3.0 ⓒM 93
	134p 부가티 로얄	Public Domain
Chapter 06	139p 헨리 포드	Public Domain
	141p 포드 네 바퀴 자동차	Public Domain
	143p T형 포드	CC-BY-SA-2.0 ⓒDon O'Brien
	144p 포드 공장	ⓒDetroit Publishing Company
	145p 포드 조립 공정	Public Domain
	148p 루이 쉐보레	ⓒChevrolet pressroom
	150p 바니 올드필드	Public Domain
	151p 루이 쉐보레	Public Domain
	152p 쉐보레 공장	Public Domain
	154p 개스톤 쉐보레	Public Domain
	157p 윌리엄 듀런트	Public Domain
	158p GM 본부 건물	Public Domain
	159p GM 파이어버드	CC-BY-SA-4.0 ⓒAaron Headly
	162p 헨리 릴랜드	Public Domain
	164p 캐딜락 모델 A	CC-BY-2.0 ⓒIwao
	166p 캐딜락 엘도라도	CC-BY-SA-3.0 ⓒH. Zell
	170p 월터 크라이슬러	Public Domain
	171p 크라이슬러 식스	Public Domain
	173p 크라이슬러 에어플로우	CC-BY-2.0 ⓒRandy Stern
	175p 크라이슬러 K카	CC-BY-2.0 ⓒdave_7

※ 저작권자가 확인되지 않거나 여타 사정으로 게재 허락을 받지 못한 사진이 일부 있습니다.
  양해를 부탁드리며 추후 연락 주시기 바랍니다.